东海书院觉民讲坛

广东省人民政府参事室参事胡浩民造访东海书院

著名书法家沈泽华为东海书院题字

北京大学张震方教授在东海书院讲课

华东师范大学管理学院戴健林教授在东海书院作报告

岭南师范大学张剑伟教授在东海书院讲课

岭南师范学院宋立民教授在东海书院讲课

邱黎明局长在首期觉师培训班上讲话

觉师培训之课堂培训

觉师培训之学科骨干教师培训

觉师培训之学历提升工程

觉师培训之外出学习

觉师培训之名师工作室活动

觉师培训之传统文化培训

觉师培训之与高校联合办班
（北京大学湛江市教育治理现代化研修班）

觉师培训之与岭南师范学院成立合作共同体

觉师培训之开发区中小学校校长开展“媒介素养”教育研讨会活动

觉师培训之中层领导赛课

党民课堂校长赛课总结会

党民课堂之校长赛课

党民课堂之教师赛课

党民课堂展示活动

党民课堂之开发区第一小学党民课堂研讨活动

党民课堂之开发区第二小学党民教育“三步四环”分享式教学模式展示

觉民课堂之开发区第八小学语文课堂展示

觉民课堂之开发区第四中学科学课堂展示

觉民课堂之开发区第一中学“三步六环”循环式教学展示

觉民课堂之东简中学“四环自主”开放式教学展示

觉民教育展演

觉民课程之葫芦丝班学生为来访嘉宾表演

觉民课程之古筝班学生为前来参观的教师表演

觉民课程之专家为孩子示范毛笔书法

湛江第一中学学生到东海书院开展社会实践

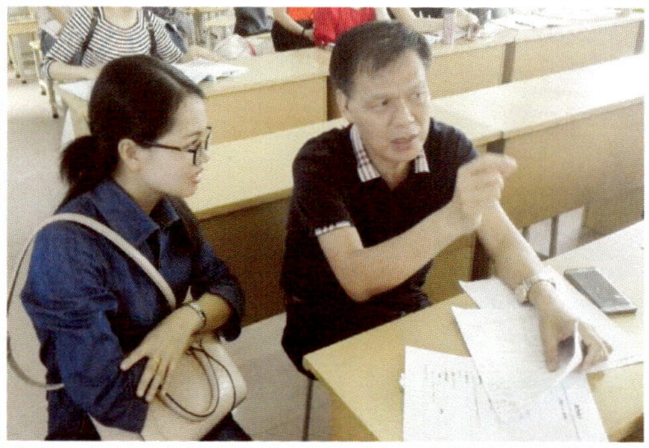

邱黎明局长与上课教师亲切交谈

邱黎明局长为职中课题组成员讲解书院功能

人才培养合作共同体校本研修丛书·觉民教育

粤西人文基地课题“以传统书院文化打造开发区觉民教育的理论与实践研究”、广东省教育科学“十三五”规划2017年重点课题“区域教育的创新路径研究——湛江觉民教育探索与实践”研究成果

江海燕 邱黎明◎著

觉民教育理论与实践

JUEMIN JIAOYU

广东高等教育出版社
Guangdong Higher Education Press
·广州·

图书在版编目（CIP）数据

党民教育理论与实践/江海燕，邱黎明著. —广州：广东高等教育出版社，2017. 12

ISBN 978 -7 -5361 -5734 -7

Ⅰ. ①党…　Ⅱ. ①江…　②邱…　Ⅲ. ①中小学教育 - 研究　Ⅳ. ①G63

中国版本图书馆 CIP 数据核字（2016）第 222161 号

出版发行	广东高等教育出版社 社址：广州市天河区林和西横路 邮编：510500　营销电话：（020）87553335 http://www. gdgjs. com. cn
印　　刷	虎彩印艺股份有限公司
开　　本	787 毫米 ×1 092 毫米　1/16
印　　张	7. 5
插　　页	6
字　　数	178 千字
版　　次	2017 年 12 月第 1 版
印　　次	2017 年 12 月第 1 次印刷
定　　价	21. 00 元

序

让生命“觉”

邱黎明

2014 年在东海书院修缮期间，我翻阅了一些年代较久远的书籍，找到了与东海书院有着密切关系的故事和人物，长久以来萦绕在脑海中的一个问题豁然开朗：不必再去哪里求取教育改革的良药，我们所处的这块红土地就有着可以为我们提供养分和借鉴的资源。

这一份难得的资源就是东海书院，如今的觉民小学的前身。

有文字记载，书院在 1745 年就已存在，或许建立的时间还要更早。书院从建立起就一直是教授学生读书做人的场所，几百年间，培育出了户部主事、雷阳书院的院长陈乔森等杰出人物，在抗日战争时期更是起到了唤醒民众保家卫国的重要作用。特别是在东海书院历经东山义学、东山社学、东海书院、东海小学，到抗战时期因进步青年郑星燕（曾经参加过延安文艺座谈会）的一番话而改名为觉民小学这一段历史中，我看到了教育工作的责任、使命和情怀：“天之生斯民也，使先知觉后知，使先觉觉后觉。予，天民之先觉者也。予将以斯道觉斯民也，非予觉之，而谁也?”一个“觉”字让我如醍醐灌顶。

对于知识，总是有先知和后知；对于道德，自然也是有先觉和后觉。在知觉之前，由于不知不觉，行为可能会有偏差，成长就可能不正常。教育者是已经拥有了一定知识和道德的人，其责任就是用自己的所知所觉让他人去知去觉，这个他人又可以成为引导别人的人；而教育的使命也在于让人知和觉，从而成长。怀着这一份责任和使命，便是有了教育的情怀。而我们目前最重要的问题在于教师对教育本质的不觉，对教学目标的不知；学生对成长的迷惑，对知识的不解；家长对教育的不懂，对教学的不明。我们最需要的，就是一个“觉”字。教育工作中品德的养成、知识的获得其实都是一个“觉”字，做好了“觉”的工作，也就有了“觉”的效果。

有了这样的认识，结合东海书院如今所在学校的校名——觉民小学，我们确定了“觉民教育”这个概念，以及这个概念所包含的精神核心：明德，循道，正觉，悟民。根据这一核心确定了“觉民教育”的内容和途径，开始了区域教育路径的探索。

一年的时间，从“觉”字入手，全区各中小学开展了一系列的“觉师”“觉生”活动，生命在“觉”的过程与状态中蓬勃生长，呈现出欣欣向荣的景象。觉民教育工作室认真搜集资料，开始了阶段成果的梳理和总结。历时三个月，几易书稿，终于编辑完成“觉民教育”系列书稿一套七册，以文字的形式呈现“觉”的状态。

这七本书，以《觉民教育的理论与实践》为统领，对应“明德、循道、正觉、悟民”精神核心，分别收入了“觉师”“觉生”在“明德、循道、正觉”上的成果：《明师德——初心不悔》《循师道——名师之道》《正师觉——人生美好》《明生德——育木成林》《循生道——经典课堂》《正生觉——花样少年》。我们希望这次的整理不仅是一个阶段成果的呈现，还是又一次“觉”的开始，是“以先知觉后知，以先觉觉后觉”的行动纲领，带领着各种生命朝向“觉”的状态幸福成长。

2016 年 3 月

目　录

第一章　觉民教育提出的背景

第一节　社会背景

觉民教育不是谁的突发奇想，也不是无中生有，而是在宏大的社会背景、严峻的教育背景、蓬勃开展的湛江教育改革背景以及湛江经济技术开发区特定的历史地理背景下产生的一种区域教育思路。教育不能脱离社会、政治、经济、文化而单独存在，它跟社会生活息息相关。

一、社会现状为觉民教育提供了思考的方向

近些年，随着经济的发展，越来越多的人步入小康生活甚至进入富裕的行列。经济宽裕了，人们对生活的追求也就更高。工作之余，人们希望放松身心，游览名胜，品尝美食，感受异国风情，于是，出国旅游成了许多人节假日出游的首选。可是，部分中国游客在异国一掷千金为当地财政收入做出贡献的同时，也给当地人民留下了深刻的印象：爱贪小便宜、不讲卫生、在公众场合不文明、抢购奢侈品等。某报道称：“其实在国外，中国人特别好认，那些登机时争先恐后、在公共场所大呼小叫、对马路上的红灯视而不见的人，肯定是咱自己同胞。”出游的中国人在外国人眼中成了一群没有教养的暴发户。

经济的发展也让许多人先富起来，成为有能力将亲眷子女送往国外生活和受教育的人。据报道，有一些中国人在国外定居也很不注意小节：在图书馆喧嚣，上街买菜讨价还价，利用当地的诚信传统做不诚信的事，贪小便宜，喜欢争吵，任性飙车；部分留学生讲求享乐，不愿吃苦，不愿思考，没有主见。

一些国家的人对中国人的印象是“素质低，不文明”，一听说是中国人，

就投以鄙视的眼光；有的商家甚至只用中文在店里标示注意事项，似乎只有中国人才会做出那些不合文明的举止。这样的形象特征与中国的传统相矛盾。中国是四大文明古国之一，是曾经享誉全世界的礼仪之邦，我们的古人曾经把“礼”视为人生必要的规则来严格遵守。如今，有些人却丢掉了这些传统。

再看国内报道。2007 年 3 月 27 日上午，一名 15 岁左右的女孩因为母亲不为自己买头饰，当街对着母亲大骂脏话，并扇了她两个耳光。母亲顿时泪流不止。在巡防队员的干涉下，这名少女狠狠地对母亲说“你给我回家等着”。2011 年 10 月 13 日，2 岁的小悦悦在佛山相继被两车碾压，7 分钟内，18 名路人路过但都视而不见，漠然而去，最后一名拾荒阿姨陈贤妹上前施以援手，引发网友广泛热议。还有为牟取暴利不顾国人生命安全往食品里添加违禁物、老太太故意倒地讹路人、三亚饭店天价菜宰客、畜养活熊取胆、为了买苹果手机卖肾、以捐助为名义侵犯未成年少女、手段越来越高明的行骗……

种种现象触目惊心，让人心生悲凉，直觉人心不古，世态扭曲。有人拿简化的汉字调侃：汉字简化后，親不见，愛无心，產不生，厰空空，麵无麦，運无车，導无道，兒无首，飛单翼，湧无力，有雲无雨，開関无门，鄉里无郎，聖不能听也不能说……这虽然有些偏激，但也让人心惊。我们的古人曾经提倡并遵循的仁、义、礼、智、信、恕、忠、孝、悌已经被许多国人丢掉了，才会出现没有恻隐心、没有是非心、没有羞恶心、没有辞让心。仁、义、礼、智失去了“端”，就会出现道德滑坡、诚信缺失、信仰缺乏的问题。

这样下去，后果不堪设想。身处社会，时时要提防他人暗算，提防他人明抢，担心食物的安全，担心住所的安定。人与人之间不再坦诚相待，而是相互设防。当每个人都只为了自己，不再考虑他人，集体也就失去了凝聚的力量。一旦没有了集体，个人又能依靠谁？走出国门，我们又以什么自居，去赢得别人的尊重？

二、重拾传统的呼声日益高涨

传统丢失的弊端日渐显示，重拾传统的呼声越来越高。倡导国学，重塑道德，各行各业纷纷举起了弘扬传统的旗帜。一时间，全国上下，国学成为热潮。可是，传统不是形式、不是装饰，而应该是一剂良药、一记重锤，还应该是一场春雨、一阵和风。有了导向的弘扬，传统才能真正发挥传统的作用。在这个时候，习近平总书记提出复兴中国梦。什么是中国梦？国富民强！富，不仅体现在经济上，还体现在政治、军事、文化、科技等领域都能在世界占一席之地；强，不仅是指身体强健，还指精神丰富充实、知识饱满深厚、品质优秀良佳。复兴，言下之意便是我们曾经拥有过。回溯历史，汉唐时期，来朝见的外邦使者络绎不绝，在中原居住者数不胜数；元明时期，版图扩大，人民富庶，吸引了各国游客长期定居。那时候，中国更是异域人民心中的一个梦，人人争相向往。复兴中国梦，不是大国主义，只是重新树立起文化的自信，重新塑造国人的形象，再圆“国富民强”的梦想，让每一个中国人不仅活得无忧无虑，还活得有尊严。

三、习近平总书记倡导弘扬传统文化

那么，该如何复兴中国梦？习近平总书记在多次会议上谈到要弘扬传统文化，传统文化中有复兴中国梦的良药，他自己更是将弘扬传统文化贯彻到底。

培育和弘扬社会主义核心价值观必须立足中华优秀传统文化。牢固的核心价值观，都有其固有的根本。抛弃传统、丢掉根本，就等于割断了自己的精神命脉。博大精深的中华优秀传统文化是我们在世界文化激荡中站稳脚跟的根基。中华文化源远流长，积淀着中华民族最深层的精神追求，代表着中华民族独特的精神标识，为中华民族生生不息、发展壮大提供了丰厚滋养。中华传统美德是中华文化精髓，蕴含着丰富的思想道德资源。不忘本来才能开辟未来，善于继承才能更好创新。①

对历史文化特别是先人传承下来的道德规范，要坚持古为今用、推陈出新，有鉴别地加以对待，有扬弃地予以继承。②

自强不息、厚德载物的思想，支撑着中华民族生生不息、薪火相传，今天依然是我们推进改革开放和社会主义现代化建设的强大精神力量。③

要继承和弘扬我国人民在长期实践中培育和形成的传统美德，坚持马克

① 2013年2月24日习近平同志在中共中央政治局第十三次集体学习上的讲话。
② 2013年11月习近平同志考察山东曲阜孔庙时提及传统文化时的讲话。
③ 2013年9月习近平同志在会见第四届全国道德模范及提名奖获得者时的讲话。

思主义道德观、坚持社会主义道德观，在去粗取精、去伪存真的基础上，坚持古为今用、推陈出新，努力实现中华传统美德的创造性转化、创新性发展，引导人们向往和追求讲道德、遵道德、守道德的生活，让13亿人的每一分子都成为传播中华美德、中华文化的主体。……提高国家文化软实力，要努力展示中华文化独特魅力。……对中国人民和中华民族的优秀文化和光荣历史，要加大正面宣传力度，通过学校教育、理论研究、历史研究、影视作品、文学作品等多种方式，加强爱国主义、集体主义、社会主义教育，引导我国人民树立和坚持正确的历史观、民族观、国家观、文化观，增强做中国人的骨气和底气。①

中国传统文化博大精深，学习和掌握其中的各种思想精华，对树立正确的世界观、人生观、价值观很有益处。学史可以看成败、鉴得失、知兴替；学诗可以情飞扬、志高昂、人灵秀；学伦理可以知廉耻、懂荣辱、辨是非。②

民族文化是一个民族区别于其他民族的独特标识。要加强对中华优秀传统文化的挖掘和阐发，努力实现中华传统美德的创造性转化、创新性发展，把跨越时空、超越国度、富有永恒魅力、具有当代价值的文化精神弘扬起来，把继承优秀传统文化又弘扬时代精神、立足本国又面向世界的当代中国文化创新成果传播出去。③

中华传统美德是中华文化精髓，蕴含着丰富的思想道德资源。不忘本来才能开辟未来，善于继承才能更好创新。对历史文化特别是先人传承下来的价值理念和道德规范，要坚持古为今用、推陈出新，有鉴别地加以对待，有扬弃地予以继承，努力用中华民族创造的一切精神财富来以文化人、以文育人。要讲清楚中华优秀传统文化的历史渊源、发展脉络、基本走向，讲清楚中华文化的独特创造、价值理念、鲜明特色，增强文化自信和价值观自信。要认真汲取中华优秀传统文化的思想精华和道德精髓，大力弘扬以爱国主义为核心的民族精神和以改革创新为核心的时代精神，深入挖掘和阐发中华优秀传统文化讲仁爱、重民本、守诚信、崇正义、尚和合、求大同的时代价

---

① 2013年12月30日习近平同志在中共中央政治局第十二次集体学习时的讲话。

② 2013年3月习近平同志在中央党校建校80周年校庆时的讲话。

③ 2014年2月17日习近平同志在省部级主要领导干部学习贯彻十八届三中全会精神全面深化改革专题研讨班开班式上的讲话。

值，使中华优秀传统文化成为涵养社会主义核心价值观的重要源泉。要处理好继承和创造性发展的关系，重点做好创造性转化和创新性发展。①

这些讲话无不折射出习近平总书记对传统文化的重视和对弘扬传统文化的要求和期待。正像习近平总书记所说："中华传统美德是中华文化精髓，蕴含着丰富的思想道德资源。不忘本来才能开辟未来，善于继承才能更好创新。"以传统为根，我们才能枝繁叶茂。

四、教育部出台弘扬传统文化文件

要弘扬中华传统文化，用传统文化的精神滋养民众，得依靠家庭、学校和社会的共同努力，而在这三大块中，学校教育的作用尤其突出。2014 年 11 月 24 日教育部出台《教育部办公厅关于开展"少年传承中华传统美德"系列教育活动的通知》，明确了传统文化进课堂的要求，提出三项具体内容。

1. 少年传承中华传统美德之"小小百家讲坛"

在中小学校广泛开展经典诵读活动，通过经典诵读、主题演讲等方式，提高中小学生的语言表达能力，引导他们学习、理解中华优秀传统文化，感悟中华优秀传统文化的精髓和魅力，增强民族自豪感和文化自信心，并从传统文化中汲取营养，自觉践行社会主义核心价值观。

2. 少年传承中华传统美德之"墨香书法展示"

落实《中小学书法教育指导纲要》，推动"书法名家进校园"活动，促进中小学书法教育扎实开展，激发和培育广大中小学生学习书法的热情，感受书法的魅力，提高审美能力和文化品位，增强文化自信与爱国情感。

3. 少年传承中华传统美德之"寻访红色足迹"

以爱国主义为核心，以革命传统教育为重点，通过阅读革命传统故事、观看红色电影、走访革命后代、开展红色旅游等方式。组织中小学生开展丰富多彩的寻访红色足迹活动，引导他们了解中国近现代史特别是中国革命史和中国共产党党史，体验革命情怀，弘扬革命精神，坚定永远跟党走的理想信念。

弘扬传统的要求、途径和目的非常明确：以经典诵读践行社会主义价值观，以书法进课堂增强文化自信与爱国情感，以寻访红色足迹弘扬革命精神坚定信念。用以治疗当今各类问题的良药不用去别处寻，只需往前看看我们的祖辈，重拾传统，借助已有的智慧就可以药到病除，而在这施药者的选择上，教育工作者当之无愧。因为教育，有教之化之的功能。

---

① 2014 年 2 月 24 日习近平同志在中共中央政治局第十三次集体学习时的讲话。

第二节 教育背景

社会是土壤，决定了教育这片林子生长的模样。但是，教育的效果如何，单有土壤还不够，还要懂得什么是种子，什么季节适合播种与施肥。教育者对教育的认识，就如同农人对农事的认识，只有清楚分辨出种子的不同，知道在适合的季节做适合的农事，才能种出优良的农作物。此外，还得根据社会的需求判断出哪些作物有较好的市场，哪些作物在将来的社会会成为人们竞相购买的产品。一项新的教育改革，必须考虑的教育背景包括：人们对教育的认识、当前的教育改革和时代对教育的要求。

一、对教育功能的认识

教育是什么？教育的目的和功能又有哪些？我们先来看看一些名家是怎么说的。

事实上教育便是一种早期的习惯。——林肯

既然习惯是人生的主宰，人们就应当努力求得好的习惯。习惯如果是在幼年就起始的，那就是最完美的习惯，这是一定的，这个我们叫作教育。教育其实是一种从早年就起始的习惯。——培根

初期教育应是一种娱乐，这样才更容易发现一个人天生的爱好。

——柏拉图

只有能够激发学生去进行自我教育的教育，才是真正的教育。

——苏霍姆林斯基

教育的实质正是在于克服自己身上的动物本能和发展人所特有的全部本性。——苏霍姆林斯基

教育不是注满一桶水，而是点燃一把火。——叶芝

教育是一个逐步发现自己无知的过程。——杜兰特

教育人就是要形成人的性格。——欧文

只有受过一种合适的教育之后，人才能成为一个人。——夸美纽斯

真正的教育者不仅传授真理，而且向自己的学生传授对待真理的态度，激发他们对于善良事物受到鼓舞和钦佩的情感，对于邪恶事物的不可容忍的态度。——苏霍姆林斯基

教育能开拓人的智力。——贺拉斯

智力教育就是要扩大人的求知范围。——詹·拉·洛威尔

道德普遍地被认为是人类的最高目的，因此也是教育的最高目的。

——赫尔巴特

从美的事物中找到美，这就是审美教育的任务。——席勒

教育不在于使人知其所未知，而在于按其所未行而行。——园斯金

教育之于心灵，犹雕刻之于大理石。——爱迪生

教育者，非为已往，非为现在，而专为将来。——蔡元培

教育为公以达天下为公。——陶行知

我们的教育方针，应该使受教育者在德育、智育、体育几方面都得到发展，成为有社会主义觉悟的，有文化的劳动者。——毛泽东

教育不能创造什么，但它能启发儿童创造力以从事于创造工作。

——陶行知

以上观点可以概括为：教育是一种习惯、娱乐，能够改变一个人，让他成长。综合名家的观点，结合“教育”二字的构成，可以这样来理解教育：教育是通过一定的方式和手段，对受教育者进行一段时间的知识、技能、方法的传授，使之拥有一定的知识和能力，养成一定的习惯，具备一定的思想品质，成为一个社会人的一种活动。这个理解应该早就成为人们的共识。随着时代的发展，人们对教育功能的认识有了发展。联合国教科文组织在《学会生存》中强调：教育的价值就在于帮助人以一切可能的方式成为实现他自己潜能的主人。朱永新提出：“教育就是让每个人成为他自己。”邓康延说：“教育最大的功能是使生命敏感。洞彻人心者，人心生光明。”钟院生认为教育有四个功能：“传授知识（习得技能）、道德教化、文化传承、提升自我（幸福体验）。”虽然表述不一样，但都强调自我的提升，一句话，教育就是让人成长。成长为什么样的人，如何成长，这就是教育的内容。

二、素质教育的要求

对于“成长为什么样的人”的认识，决定了教育的内容和形式。在很长一段时间里，学校教育以培养出能够在各种考试中拿到高分的学生为目标，社会上流行着这么一句话：“考考考，老师的法宝；分分分，学生的命根。”社会对学校的评价、对人才的选拔也是以分数论。在以追求分数为目标的时期，学校教育就成了应试教育。应试教育的弊端是显而易见的，高分低能、想象力与创造力低下、情商低、社会生活能力低等现象暴露出基础教育一味强调知识的灌输而忽视身心发展，导致孩子畸形发展不能适应社会的严重后

果。1982 年党和政府坚决反对片面追求升学率，即反对应试教育，坚决实施素质教育以贯彻全面发展的教育方针，提出新课程改革应当知难而进。1983 年左右，一些教育工作者开始提出素质这个概念，把“双基”、能力、智力、非智力因素这些东西都算进去，因此素质教育就包含我们教育改革深化以后所拓展的那些内涵。素质概念的提出引起了许多一线学校的重视，像北京市第八中学在 1983 年就倡导“着眼于未来，着力于素质”。在 1984 年 8 月，《中共中央关于进一步加强和改进学校德育工作的若干意见》中首次出现“素质教育”这个词语：“增强适应时代发展、社会进步，以及建立社会主义市场经济体制的新要求和迫切需要的素质教育。”1985 年召开的全国教育工作会议，颁布了《中共中央关于教育体制改革的决定》，提出了素质教育的目标是提高全民素质。从那个时候开始，素质教育在学校教育中被放在一个重要的位置，只是因为认识的不同导致实施的效果各异。

素质教育的提出让很多学校开始思考办学的方向。其实孔子在两千多年前就比较全面地提出了素质教育思想。在教育对象方面，孔子提出“有教无类”的原则，主张人不论出身贵贱，不论品行善恶，不论聪明愚笨，不论年龄大小，不论是否有了职业，都可以而且应该接受教育。在教育内容方面，孔子重视品德教育、美育陶冶和体育卫生，重视培养学生的能力，使学生人格得到全面发展。在教学方法方面，孔子先于苏格拉底首创了启发式教学法，他针对学生的不同特点实行“因材施教”，主张教学相长，以师生共同讨论作为经常性的教学形式。孔子的素质教育思想，对我们今天全面理解素质教育的内涵、推进教育改革有着不可低估的现实意义。社会需要什么样的人才，对人才的素质也就提出了相应的要求。可是，教育着眼的不是眼前的社会，而是未来的社会，是如今的在校学生未来能在社会上独当一面的时候，也就是二十年后。

三、时代对教育的要求

哪些素质是未来人才应该具备的呢？20 世纪 80 年代的中小学目标非常明确，就是培养“四有”好青年、好少年：有理想、有道德、有文化、有纪律。这是时代特点决定的，现在的社会单有这几项还不够，培养的针对性不强。有一些学校就提出了这样的办学目标：培养有创新能力的人才。这很具体，也意味着学校在朝着科学示范性学校发展。上海进才中学的目标是培养有“公民意识、领导才能、创新精神、国际视野”的“谦谦君子”和“大家闺秀”，这个更为明确，就是在为培养将来社会的精英阶层打基础，他们认为将来的社会必定是需要有着这样素质的人才的。2015 年 7 月 15 日在广州大学附属中学举办的“创新与创造力：中美校长高峰论坛——美国年度荣誉校长广州行”论坛上，国际咨询公司 infosavvy21 主管泰德·麦凯恩（Ted-McCain）提出未来世界需要的人才必须具备九种能力：自我沟通能力、人际交往能力、独立解决问题的能力、相互协作能力、信息检索能力、信息沟通能力、想象力与创造力、创新能力与创造力、网络公民意识。学校教育培养的是未来的人才，这九种未来社会需要的能力，也应该成为学校培养人才的目标和参照。未来的社会很大程度上依赖网络，网络素养应该成为未来人类最重要的一种素质，而信息的检索和信息沟通的能力也会显得特别重要，未来需要更强的学习力、迁移力、综合力。伯尼·特里林和查尔斯·菲德尔所著的《21 世纪技能》提出未来需要的“4C”能力：批判性思维（critical thinking）、沟通能力（communication）、团队合作（collaboration）、创造力（creativity），无疑也是现在许多国家非常看重的能力。

假如我们还停留在现在甚至过去的观念里，按照过去的思维和观念去确定培养目标，培养出来的人势必适应不了未来的社会。所以，观念的更新势在必行！

在中国，近年来也提出了“核心素养”的概念。“核心素养强调的不是知识和技能，而是获取知识的能力。核心素养教育模式取代知识传授体系，这将是素质教育发展历程中的一个重要节点，意义深远。”① 中山大学现代教育技术研究所王竹立认为“信息素养、思维素养、人文素养、专业素养和身心素养是核心素养”。对目前中国学生存在的问题而言，许多人认为，学校教育最不该忽视、最应该重视的核心素养有两个：创造力素养和民主素养。如何才能培养出具有创造力素养和民主素养的未来人才，成了许多学校开展教育改革的重要课题。

四、各地开展的教育改革

由追求学校整体升学率到追求学生个体的发展，由追求单一的知识分数到追求综合素质的提高，全国各地掀起了新一轮的教育教学改革。第一代课改的代表性学校是洋思中学，学校对传统教学的批判，更多地体现在对“教”的质疑和改动上。洋思中学的改良意义无疑是巨大的，但支撑学校改

---

① 2015 年 5 月在贵阳市召开的中国教育学会中小学整体改革专业委员会第二次理事单位学术专题研讨会上，该委员会理事长傅国亮所言。

良的缺憾是仍然没有跳出“教为主、学为辅”的圈子。[①] 洋思中学在教改上的尝试一石激起千层浪，在教学上取得的成绩让世人瞩目，也引起了许多教育者的思考。一些学校的领导开始反思教师的角色，反思课堂教学的主体。

第二代课改的标志学校是杜郎口中学，该校与洋思中学的相同之处是从改变“教”的手段切入，所不同的是，杜郎口中学较大幅度地提升了“学”的地位，符合新课改“学为主体、教为主导”的基本理念。如果说第一代课改是改良的话，那么，第二代课改则有资格被称为改革。第二代课改与第一代课改最大的区别在于，其实现了从“教中心”到“学中心”的飞跃，构建了全新的课堂教学“学中心体系”，也可以说二代课改是第一代的“升级版”。在这一代，跟随杜郎口中学的步伐，全国各地掀起了轰轰烈烈的课改运动，影响较大的有山东昌乐二中的“271”模式、山东兖州一中的“循环大课堂”模式、江苏灌南新知学校的“自学·交流”模式、河北围场天卉中学的“大单元教学”模式、辽宁沈阳立人学校的整体教学系统和“124”模式、江西武宁宁达中学的“自主式开放型课堂”、河南郑州第102中学的“网络环境下的自主课堂”、安徽铜陵铜都双语学校的“五环大课堂”。但是第二代课改还是有一个缺陷，它聚焦的是课堂，过分纠缠于“形而下”的课堂“技术”细节，忽略了人本身的需求和发展。[②] 尽管如此，第二次课改的影响仍是巨大的，特别是杜郎口中学的模式影响了许多的学校，尊重学生，以生为主，以小组为单位，自主学习，合作探究，成为主要的教学组织形式。

第三代课改应该是将对象转向课程。《中国教师报》的李炳亭主任认为第三代课改的特征是：“从对‘人’真正的‘发现’来‘认识’学生、‘认识’教师，能真正清晰地界定‘学习者’和‘学习条件提供者’之间的角色关联性，通过成就学生从而促进师生和谐、全面、幸福、可持续的发展。……对学校和班级组织而言，它就是池塘、草原、森林等一切的‘自然生态’，它必须充满‘张力’，体现出全部的‘活力’，它‘放纵’每一个独立生命体，它‘激赏’每一个生命体并努力成为‘他自己’。它甚至没有管理，在一个被‘向上’的文化所激发的学校里，责任与义务是立校之魂。”他所说的第三代课改其实已经有了代表学校，北京市十一学校就是最典型的代表。“个性化课程”“走班制”等是其显著特征，上海、杭州、广州、深

---

①② 李炳亭. 学生是教学质量提升的关键［EB/OL］.［2012 - 05 - 26］. http://www.blog.sina.com.cn/s/blog - 486a6ae 50102e 27u. html.

圳等地一些学校也充分利用自身优越的条件和国内国际资源开始课程的改革。学校不再是学习语文、数学、英语这些基础课程的场所，还成为满足学生各种需求、激发学生各项潜能、发挥学生各种智能、培养学生各种兴趣的地方。除了基础性的课程，还开发出基础课程的拓展性课程和研究性课程，与高校衔接的各种课程；有为学生将来从事的职业打好基础的课程，更有各种培育学生良好品质、将来成为合格公民的德育课程。丰富多彩的课程设置，形式多样的社团活动从德、智、体、艺等多个角度促进了学生的发展。这些发达城市先进的办学理念和创新办学模式引领着中国的基础教育，在全国已经引起了巨大的影响，引来了极大的关注，也引起了许多教育工作者的思考：我们的教育应该如何变？新一轮的教育改革已经蓬勃开展，地处文化教育落后的粤西地区的湛江，又该怎么行动？

第三节　湛江教育背景——特色文化校园创建活动

湛江位于中国大陆最南端，在古代是蛮荒之地、被贬大臣的流放场所，地处偏远，经济也相对落后。但是湛江和全国其他许多地方一样，有着悠久的历史、灿烂的文化。湛江的历史文化和这片红土地一起滋养着雷州半岛的人们，教育秉承传统，为社会培养了众多优秀的人才。

时代在发展，社会在进步，虽地处偏远，但湛江人有着良好的敏感度，很早就意识到只有与时代同步，才能在时代的浪潮中踏浪前行。早在20世纪末全国第一轮课改轰轰烈烈开展的时候，湛江教育局就紧随形势，提出了课堂教学改革的“八字要求”——精讲、善导、激趣、引思。这“八字要求”每两字为一个内容，基本涵盖课堂教学的各个环节，强调教师要引导、激发学生的兴趣，要有选择地讲授内容，要让学生的思维得到发展。具体明确的要求为课堂教学提供了导向，课堂教学开始追求有效化。随后，湛江市教育局又提出“六进课堂”——微笑、尊重、宽容、民主、探究、合作进课堂。这一次要求更为具体：“微笑、尊重、宽容”是对课堂主体状态的要求，“民主”是对课堂气氛的要求，“探究、合作”是对教学组织的要求，这六个词与新课标的要求不谋而合。2012年新一轮课改开启，更加具体而明确地提出了“四环节课堂教学模式”——自主学习，合作探究，精讲释疑，训练检测。2013年，湛江市教育局“创建特色文化校园活动”开启，在全市掀起了一股文化创建的热潮。创建特色文化校园，是培育社会主义价值观的有效载体，是加强传统文化教育的必要途径，是提升湛江美誉度的重大举措。历经一年的试点探索，全市成功创建特色文化校园30所，初步形成“特色文化校园湛江模式”。其中，硇洲中学以特色鲜明的灯塔“明”文化受到关注。2014年，全市中小学进入特色文化校园创建的高潮，各中小学纷纷挖掘学校文化特色，制定创建方案，结合学校的办学理念，以神化形，借助可视的场景、景观、图片等体现学校的内涵。湛江经济技术开发区乘着这股东风，在全区开展了文化内涵挖掘的活动。

第四节　湛江经济技术开发区文化背景

湛江经济技术开发区成立于1984年，随着第一批沿海开放城市的开放而设立。设立之初，开发区面积不大，仅在赤坎与霞山两区的交界处划下一块地盘，作为经济技术开发区，直接归属广东省管辖。多年来，这一块新设立的区域在经济上为湛江做出了很大的贡献，这里的酒店与工厂成了湛江市的纳税大户。2010年，两区整合，即原来连接赤坎与霞山的湛江经济技术开发区与东海岛合并，成为新的开发区，也成了面积最大的一个开发区。两区整合后的开发区面积增加了不少，人口增加了数倍，学校的数量也增加了许多，原来挂靠在其他部门的教育科已不能满足现有的教育管理需要，于是成立了教育局。

开发区的教育一直不能与经济一同发展，相对滞后，两区整合之后的教育局在结构上进行了大胆的调整，并且充分利用本地优势从各县区招聘名师充实本地的师资。单单是开发区一中，自2010年到2015年9月，招聘来的各地名师和重点师范院校的优秀毕业生人数接近该校原有教师人数的两倍。2010年两区整合后，区教育局提出“316计划”（6年内培养3名教育专家、10名名教师、60名骨干教师）。自实施教育人才培养工程以来，开发区的教育蒸蒸日上，一年上一个台阶。

但是，相比其他的县区，开发区的教育基础薄弱，也与开发区经济龙头的地位不相一致，需要改进的空间较大。如何在新的历史形势下发挥已有资源的作用，将教育再提升已成为当前开发区教育一个非常重要的课题。

教育离不开社会，依托本土，根据本土特点进行有针对性的教育，教育的作用才能发挥到最大。开发区的历史说短不短，说长不长，有它的独特性。开发区的文化是多元的，除了拥有雷州半岛五县四区共有的地域文化之外，它还具有本土独特的一些文化：书院文化、红色文化、海洋文化、灯塔文化、开发区文化。

一、书院文化

书院是中国古代教育发展到一定历史阶段产生的兼有讲学、研究、聚书、祭祀等功能的学校形式。书院自从确立以来，就以其独特的个性色彩对我国古代的人才培养和学术文化发展起到了巨大的推动作用，并在封建社会科举仕进、思想禁锢的社会环境中建立起自由灵动、崇尚思考、立德立人的教育模式，形成了独具特点的文化特色，涵育了深厚广博的文化精神。书院的文化精神，作为书院文化的深层结构与思想基础，是书院文化的精髓和灵魂，是书院学者们一以贯之的深层追求，也是书院成其特色的内在动力和源泉。书院的文化精神主要有以下内涵：德业并重的目标追求，自由活泼的为学品格，谨严纯正的治学精神，知行合一的践履理念。书院教育德业并重的目标追求，体现了中国古代知识分子崇德笃学的价值观，是书院教育的生命之基。自由活泼的为学品格，创新争鸣的开放气度，体现了科举仕进、思想禁锢时代里中国古代知识分子坚韧的学术追求和宽广的胸襟抱负，是书院教育最为突出的个性和至为重要的特色。谨严纯正的治学精神，展示了书院教育的科学规范，是书院教育家灵魂与思想的凝结。知行合一的践履理念，深刻地体现着中国古代知识分子“以天下为己任”的社会责任感，是个人修业与奉献社会的完美结合。而这一切，又作为一种深厚的文化积淀，贯穿于一代又一代知识分子的思想之中，化为书院教育永远的精神动力，对今天的教育仍然有着深刻的启迪意义。

东海岛的东山圩，自宋朝绍兴期间就是椹川巡检司所在地。明洪武和正统年间，官方又在东山圩建筑城池，重设椹川巡检司。“东山义学”在这一段时间已创办。清乾隆二年（1737）由东海岛地方官方载扬联合三社绅耆在原有的东山义学基础上创建官方书院，名为“东山社学”，后改名为“东海书院”，是当时东海岛的最高学府。东海书院的创建，大大促进了整个东海岛教育文化事业的普及和发展，为东海岛培养了一大批优秀人才。著名书画家李实发在这里苦心磨炼，传说书院前池塘的水常被他的画墨染黑。清代户部主事陈乔森也在这里攻读，后考中举人。东海书院曾以“乔森路”命名校道，还有何茂荷、王锡匾等清代大学士也在此就读过。因此，前人称书院为“学府”，是东海岛教育文化的发源地。书院有举人路、乔森路、茂荷路、载扬路、钟楼、屏风、津泮、金竹、荷池、神龟石、石狗等。

同国内一些著名的书院一样，东海书院秉承传统书院的精神，自创立以来，以培育人才为己任，不拘一格，因材施教，培养出一大批杰出的人才。虽然几经改制，但书院的精神传承至今，成为东海岛特有的文化，影响和滋养着人们。

二、红色文化

1935 年，中国共产党在古代的“东海书院”旧址上创办“觉民小学”，提出了新的办学主张：“用科学文化和无产阶级革命理论去唤醒、去教育广大人民群众。”特殊的时代也赋予教育特殊的使命。革命战争年代的觉民小学领导人希望学生用科学知识和革命思想与殖民主义者做斗争，争取人民解放，民族独立，建设一个人民幸福、国家强大的新中国。这是“斯道觉民”的延伸。在这种理念的指引下，许多有觉悟的青年人从觉民小学走出去后，投身到为争取独立和自由的斗争中，又影响和带动更多的人，为建立和建设新中国做出了重大贡献。

除了觉民小学作为革命的摇篮在抗战时期发挥过重要作用之外，整个东海岛当时的革命形势也是蓬勃发展，这一块古老的土地有了红色的印迹，在文化上又增添了浓重的一笔。

三、海洋文化

整合之后的开发区面积广阔，而且临海。海作为这个区域最重要的地理环境，也以它的特征影响着开发区的人们。

“海洋文化的本质，就是人类与海洋的互动关系及其产物”①。如海洋民俗、海洋考古、海洋信仰、与海洋有关的人文景观等都属于海洋文化的范畴。

人类的生命来自海洋，人类的文化起源于海洋。海洋总面积约 3.6 亿平方千米，占地球表面的 71%，是地球上最大的“宝库”。海洋的浩瀚壮观、变幻多端、自由傲放、奥妙无穷，都使得人类视海洋为力量与智慧的象征和载体。

东海岛的人们世世代代居住于海边，熟悉海的习性，对海有着深厚的感情。海边戏耍，海上打鱼，海水、海浪、海滩、海里的生物，还有海上的运动都跟人们的生活密不可分。在长时间的相处中，海已经成了人们生活的一

---

① 曲金良. 海洋文化概论［M］. 青岛：中国海洋大学出版社，1999.

部分，海的精神也融进了海边人们的血液中，世世代代传承下来，形成了海边人独有的气质。

海是自然馈赠给人类的礼物，也是自然给人类制造的对手。在与海洋搏斗的过程中，人们懂得了大自然的伟力，感受到人类的渺小；也是在与海洋搏斗的过程中，人类看到了自己的力量，对自己产生了信心。人们创生出了与海有关的活动和仪式，比如人龙舞，这就是海洋文化，还有其他因海洋而生成和创造的许多文化都属于海洋文化，比如人们的认识、观念、思想、意识、心态，以及由此而生成的生活方式。海洋文化崇尚力量的品格以及自由的天性，其强烈的个体自觉意识、竞争意识和开创意识，都比内陆文化更富有开放性、外向性、兼容性、冒险性、神秘性、开拓性、原创性和进取精神。这些也在滋养着世世代代东海岛的人们。

四、灯塔文化

硇洲灯塔建于清光绪二十五年（1899），由广州湾法国公使署主持设计和建造，而承包和主持该塔建筑工程的则是硇洲岛名工匠招光义，历时三年，至 1903 年竣工。

建此塔之前，这里已有一座石塔。元代名儒刘耿阳曾登石塔作诗抒怀：“卓耸奇观障碧川，势吞宝丽与云连。几来高处抬头望，撑起高凉半壁天。”硇洲灯塔建成后，主要作为法国军舰和沿海商船进出广州湾、湛江内陆的航标灯塔。

硇洲灯塔整个塔由麻石一块块叠起来，没有使用任何泥浆，石块与石块之间非常吻合，浑然一体。塔身下方为正方形塔基，上部为圆锥体。塔的顶部是鼓圆形，突出塔身的灯座室。光源为 1 000 瓦水银灯泡，强大的光束在 26 海里的范围内都可见。它是世界上现存的两座水晶磨镜灯塔之一，也是国际著名航标灯塔之一，至今仍作为中外船舶来往湛江的灯塔。

灯塔已经成为硇洲的标志性建筑，它悠久的历史、特殊的用途还有独特的地理位置已经沉淀下厚重的文化。

五、开发区文化

开发区是在特定的时代背景之下产生的一个专有名词，在实体上是一块独特的区域，凡被列为“开发区”的区域都被赋予了一定的历史使命，承担着改革开放前沿阵地的重任，在文化、经济的发展上要起到示范与带头的作用。湛江经济技术开发区成立于 1984 年，是我国创建的第一批国家级开发区。30 多年过去了，湛江经济技术开发区为湛江的发展做出了很大的贡献。如今，正逢湛江崛起的大好时机，湛江经济技术开发区更是在文化、经济等领域争当排头兵。强区必须强教育，开发区的崛起离不开教育的发展，在深化改革开放的滚滚大潮中，教育被赋予新的历史使命。

文化作为一种精神力量，能够在人们认识世界和改造世界的过程中转化为物质力量，对社会发展和个人成长产生深刻影响。书院文化、红色文化、海洋文化、灯塔文化、开发区文化这些诸多的文化元素形成了今天开发区的多元文化，影响着开发区的过去、现在，也一定会对开发区的将来产生巨大的影响。挖掘文化蕴藏的内涵，就能找到精神的力量，让文化服务于社会，服务于每一个人的成长。

传统道德观念的摒弃、信仰的缺失，教育的使命以及开发区本土教育与文化的特点，综合起来，我们认识到：要改变现状，得先改变观念，而观念的改变可以从恢复曾经已有而现在被忽略、被丢弃的传统开始，找到我们现在可以形成的观念的基础或者源头，找到心灵上的归属点，再树立起自信心，然后逐渐形成。教育的使命，就是唤醒潜藏在每一个人内心深处的东西，帮助人们成长。基于这样的认识，我们确定开发区教育的新模式：觉民教育。

第二章　觉民教育理念的基础

第一节　“觉民”二字的由来

觉民教育中的“觉民”在开发区人看来是与“觉民小学”“觉民中学”有关。这种认识有道理，却是片面的。

东海岛的教育发源于东海书院，清光绪三十一年（1905），朝廷废除科举考试制度，各地书院改为学堂（学校），而边远的东海岛依然是书院。学子没有了考举的机会，又不知如何升学，于是书院在这一段时间里无人读书、吟经了。先生有的出家当僧，有的外出谋生到乡下教私塾，东海书院再度荒废。直至民国1929年，海康人氏李春熙执掌东海书院后，成立了当时由黄培元、王巨相、谢同美等社会上层绅士组成的东海校董会。当时东海岛还是法国的广州湾租界，旧朝廷不管，国民党当局不管，法国殖民主义者不想管。东海书院校董会商量决定：把东海书院改名为东海小学。当年只招收一个初小班和一个高小班，学生人数不足100人。课程设置除传统国学外，增设自然科学等学科。

郑星燕是1935年夏天到东海小学当校长的。俗话说得好，有什么样的校长，就能办出什么样的学校。郑星燕应聘时校董会问他：“你凭什么应聘校长？”他回答：“天之生斯民也，使先知觉后知，使先觉觉后觉。予，天民之先觉者也。予将以斯道觉斯民也，非予觉之而谁也？”一句“予将以斯道觉斯民”打动了校董会的心，当即任命郑星燕担任这所早有百年办学历史的学校校长。1935年下半年，东海小学也因此改名为觉民小学，并开始招入高年级学生。

郑星燕校长这番话出自《孟子·万章上》，意思是：上天生育这些百姓，就是要让先知道事理的人去唤醒那些后知道事理的人。就是要让先悟出大道理的人去开导后悟出大道理的人。我就是这些人中先知先觉的人，我要唤醒这些后知后觉的人，不是我去唤醒他们还会有谁呢？校名“觉民”一词至少有三层意思：一是先知先觉，已经领悟事理和懂得大道理，具有较高觉悟的人；二是把自己先知道的那些事理，先悟懂的那些大道理去唤醒、去引导、去教育那些未知道和未觉悟的人民；三是教育的责任和目的就是通过教导学生从而影响与学生有关的人，最终唤醒民众，让民众在德与道方面有所觉悟。

“觉民”一词自此在东海岛以学校名称的方式存在并且为人所知。如今，开发区创建教育新模式，以“觉民”命名，一则遵循传统，继承有四百年历史的书院文化精神，以觉悟民众为己任，开启为民造福的教育新旅程；二则向曾经用自己的生命与鲜血捍卫真理、弘扬正义的教育者和革命先烈致敬，以示继承传统、弘扬文化之决心；三则担负起教书育人的时代使命，推行理念，创新模式，让每一个个体都能得到发展，为培育未来需要之人才而奠定基础。“觉”是“感觉、觉悟、领悟、明白”之意，强调教育的启蒙作用、唤醒功能、激发功能，也就是首先认识到人的本性中存在着潜能与秉性，在没有任何外物刺激的情况下，这些潜能与秉性是潜藏的，不为人（包括自己）所察觉；如果没有什么去唤醒和激发，这些潜能或许就永远隐匿于身体深处而无法外现。教育通过一定的方法和手段将这些潜能与秉性唤醒，使之外现并且发展，最终成长为他可以成为的人。“觉”所体现的理念正是目前许多教育家、许多名校校长正在推行的教育理念。

根植于觉民小学前身东海书院的“觉民教育”融古贯今，传承传统，立足现在，着眼未来，有着普适的价值观，遵循教育的规律和人发展的规律，同时，也有它独特的内涵。

第二节　斯道觉民

“斯道觉民”是觉民教育最重要的思想基础，也成为觉民教育的独特内涵之一。

“斯道觉民”取自“予以斯道觉斯民”，原文出自《孟子·万章上》，郑星燕在应聘校长时用以阐述自己的办学宗旨，这四个字也就成了觉民小学的办学宗旨。这里的“斯”容易理解：这。“道”是一个内涵丰富的词语，古代哲学师祖老子《道德经》开篇：“道可道，非常道，名可名，非常名。道，有名之始；名，万物之母。”这句话的大意是：“道”是什么？既不是常见的道路，也不是平凡的某一时事、某一方面的小道理。“名”是什么？既不是某一具体事物平平常常的名字，也不是事物简单的标示。古人常用天、地、人三格来衡量事物名称的好坏，后发展到汉语中的天道、地道、人道等汉词。那么“道”是什么呢？道就是天道，就是开天辟地以来就存在于自然界、人类社会之中的自然规律和社会发展规律。

对教育而言，“道”同样也是规律。教育，是为了让人成长，而人的成长是有规律的，违背成长的规律，要么畸形发展，要么夭亡。身体的成长是如此，心灵和精神的成长也是如此。除此之外，“道”还是规律背后的认识，是知识，是经验，是道理。传授知识给学生，依靠的是本身通过掌握一定的规律学到的知识。传递经验给学生，依靠的同样是本身所拥有的经验。教给学生道理，自己本就应对这些道理有清晰透彻的认识。“道”是内容，也是途径，同样也是我们想要达到的目的和结果。“斯道觉民”，就是用这样的方式和途径，遵循一定的规律，将知识、经验与道理传授给学生，使他们能够明白、醒悟。

不过，以上所说的“道”还只是一个相对宽泛的概念，具体落实到教育中，“斯道觉民”中的“道”应该有哪些内容呢？还是得结合传统的书院文化来回答。不管是最初的东山义学，还是后来被官方设为公办教育机构的东山社学、东海书院，或者东海小学、觉民小学，所学的知识是相承的，是传统的文化、儒家的经典。儒家思想的核心“仁、义、礼、智、信、恕、忠、孝、悌”通过四书五经等儒家经典深入学生的心灵，让学生明白个人与他人的关系，个人在社会中的责任。穷则独善其身，达则兼济天下，有修养自身品德的需求，有放眼世界的视野，觉民人就是这么做的。

雷州十大才子之一的陈乔森，是在这间书院苦学成才的。乔森刚几岁时祖父身亡，不久母亲又去世。他只得和父亲相依为命，过着贫寒的生活。他未满10岁就开始给人牧牛，后又挑糖糕担到东山圩，在东海书院的课室窗口，一面叫卖，一面偷听先生讲课。每听完一课，他都能把内容谨记于心，直至背诵出来。先生见他才智过人，十分赏识。为了培育人才，先生征得陈乔森父亲的同意，叫他到书院当杂工。这样，他才有机会半工半读。学问不负有心人，在先生的专心教诲下，经过几年的苦心攻读，他终于才华横溢，诗、书、画造诣颇深，以优异的学识考取了秀才后又进学举人，从此名声远著，成为东海岛五大举人之一、雷州十大才子之一。此后，陈乔森在东海书院苦学成才的事迹，不仅在雷阳广泛流传，而且也闻名省内。为了鼓励学生走陈乔森苦学成才之路，为人类做贡献，觉民中学校长黄超然大笔一挥，书下“乔森路”三个大字，镌凿在学校大门口勉励学生。

何茂荷，东海岛先贤，在外地书院考中举人，无意官场，淡泊名利，立志为家乡培养人才，毅然回东海东山社学当先生。当时外地有名气的官办义学社学都已晋升为书院（如雷阳书院），何茂荷据理力争，最终获准东山社学改名为东海书院，何茂荷当主讲，即是院长。

曾在东海书院就读后考中举人的王锡匾是个性情中人，他目睹东海盐课司大使扣压盐响、欺负盐工、迫害盐商、垄断盐市、中饱私囊的罪恶行径，于是上书朝廷，促成雷州知府罢免了东海盐课大使的职务。这一哄闹，虽然使王锡匾举人士道不畅，但东海书院声誉外扬。岛内外的仁人志士、有志少年都向往东海书院，宦官富商也都送子弟到书院求学，其中最出名的是李实发（《遂溪县志》有其小传）。他擅长书画，后曾为书院捐过两大石槽，为学子练画练书磨墨、调色用。

从以上几个人物可看出，书院对人才培养的不拘一格、不遗余力，体现了书院重知识也重品德的优秀传统，也体现了书院求学者勤奋苦读、坚持正义、为家为国的精神品质，“道”的意义显而易见。

第三节　书院精神

书院，作为我国古代最重要的教育机构，从它创立之始就担负着培育人才、学术交流、诞生思想的作用。

书院是唐宋至明清时期出现的一种独立的教育机构，是私人或官府所设的聚徒讲授、研究学问的场所。书院与藏书阁，是千百年前的高等学府与图书馆。在中国古代的文化传播中，没有一种形式能如书院呈现得这般自由。书院作为一种教育机构，唐末出现，宋代兴盛，延续至明清，是私学分化发展的结果，一开始属于高层次的私学：读书治学的场所，教书育人的基地；学术研究的中心，讲学争鸣的舞台。北宋著名的六大书院出了很多思想家、教育家和哲学家：白鹿洞书院的朱熹，岳麓书院的王阳明，应天府书院的戚同文、范仲淹，嵩阳书院的程颢、程颐，石鼓书院的湛若水。南宋时期吕祖谦讲学之所为丽泽书院，陆九渊讲学之所为象山书院……这些书院采用升堂讲说与导师制、导生制，设立考课与展礼祭祀制度，侧重讲会、论辩问难与自学，收徒、教学、论辩、研讨，学术氛围浓厚，吸引了众多的学子前往求学，一时成为学术和议政中心，对我国古代的人才培养和学术文化发展起到了巨大的推动作用，并在封建社会科举仕进、思想禁锢的社会环境中建立起自由灵动、崇尚思考、立德立人的教育模式，形成了独具特点的文化特色，孕育了深厚广博的文化精神。书院的文化精神，作为书院文化的深层结构与思想基础，是书院文化的精髓和灵魂，是书院学者们一以贯之的深层追求，也是书院成其特色的内在动力和源泉。

综合起来，书院的文化精神有以下五点。

第一，师生互动，开拓进取。书院既是教育教学组织，又是学术研究机构。学术研究是书院教育教学的基础，而书院的教育教学，又是其学术研究成果得以传播和进一步发展的必要条件，两者密切相连，共生互动。

第二，百家争鸣，开放包容。书院的教学继承了稷下学宫的优良传统，采取“百家争鸣”“门户开放”的政策。书院教学不拘泥于一家之言，允许不同学派之间进行广泛的争鸣。

第三，因材施教，尊重个性。书院教学注重讲明义理，躬行实践，多采用问难论辩式，注重启发诱导，因材施教，注意激发学生的学习兴趣，培养学生的学习能力。

第四，家国情怀，仁爱友善。书院师生朝夕相处，共同讨论，共同研究，感情深厚。师生如父子，书院如家庭。他们共同聆听风声、雨声、读书声，声声入耳；共同讨论家事、国事、天下事，事事关心。倡导师生修身齐家治国平天下的家国情怀。

第五，知行合一，经世致用。书院始终把育人放在首位，不仅培养人的知识技能，重视教育的过程和方法，更重视人的情感、态度、价值观的教育。主张先成人后成才，将德行的养成放在首位。古代书院的精神对现代教育也是一个指导，在教育变革发展的今天我们依然需要继承古代书院的优秀文化精神。

无论教育如何变化，有一点却是永远无法改变的，那就是人是教育的主体。教育必须以人为归依，教育是人的教育，教育必须目中有人。苏霍姆林斯基认为教育最核心的是把自己的学生看成活生生的人。教育要以“引导学生成人”为第一要务，以发展人性、培养人格、完善人生为根本目的，最大限度地促进学生人性美好、人格健全、人文幸福，这正是教育所要关怀的，也是与书院文化精神一脉相承的。

第四节 红色觉民

“红色觉民”指的是觉民小学曾经是抗战时期革命的摇篮，这里孕育了许多共产党人，也诞生了许多先进的思想。从这里燃起的革命火焰辐射到了全国各地甚至东南亚，在革命抗战时期成为一盏明灯，照亮人们前行的路；成为一把火，燃起人们革命的热情；成为一座桥，连接起远近八方；成为一粒种子，将革命精神深深种下。年轻有为的郑星燕后来成为延安文艺座谈会上的文艺代表，获得过毛泽东主席的亲笔回信，新中国成立后担任多地重要领导职务；黄其江被中共广东省委组织部委派回遂溪恢复南路党的组织工作，曾任粤桂边区解放军一支队司令员兼政委；黄超然担任觉民小学校长时，亲手写了觉民小学校名和校训“斯道觉民”，支持中共地下党教师王玉颜、王师贤等组织成立“群乐读书会”，指导学生学习革命理论，鼓励学生投身抗日救国的革命行列；陈其辉、王师贤、陈元清等在觉民小学担任过教师，他们先后投身于革命中。在抗日战争时期，觉民小学的毕业生共有410多名，其中有350名参加革命，占学生总数的85%。他们不为名不为利，不怕苦不怕死，英勇善战，堪称抗日的先锋、推翻三座大山建立新中国的勇士。他们之中，在沙场捐躯和被敌人杀害的就有27位。觉民小学不愧于“革命摇篮”的称号！

传统的书院因为有这些革命志士的奋斗和抗争，有先烈们的不辞辛苦、舍生忘死，在已有的厚重的传统文化上又添上了一抹鲜艳的红色，英勇顽强、保卫家国、敢于担当的这些优秀品质逐渐融进了书院的文化中，融进觉民人的血液里。

第五节 海洋精神

海洋文化作为人类文化一个重要的构成部分和体系，就是人类认识、把握、开发、利用海洋，调整人与海洋的关系，在开发利用海洋的社会实践过程中形成的精神成果和物质成果的总和。具体表现为人类对海洋的认识、观念、思想、意识、心态，以及由此而生成的生活方式，包括经济结构、法规制度、衣食住行、民间习俗和语言文学艺术等形态。海洋孕育了生命，海洋与陆地的相连地貌也孕育出了中国沿海人民特有的韧性、顽强、聪明、勇于探索的精神风貌。

东海岛四面环海，与海有着深厚的渊源。在长时期与海相处的日子里，人们对海洋的认识逐渐加深，因海而生成了特定的生活方式。海洋文化成了开发区较重要的文化之一，对开发区的人们产生着重要的影响。海洋文化所体现出的时代精神，也熏染着生活在海边的开发区人，使他们的血液里有了海的品质。

海洋文化有三个最显著的特征：博大、创新、兼容。

博大。指一种胸襟，一种宏观的气度与气魄。首先表现为非凡的想象力与浪漫主义精神。曹操的《步出夏门行·观沧海》写道："东临碣石，以观沧海。水何澹澹，山岛竦峙。树木丛生，百草丰茂。秋风萧瑟，洪波涌起。日月之行，若出其中；星汉灿烂，若出其里。幸甚至哉，歌以咏志。"这是中国古代最早的海洋诗歌精品杰作，它以大海般广阔的胸襟与宏大的气魄给读者以豪情、信心与力量。唐代诗人李贺有一首题作《梦天》的诗，诗中有"黄尘清水三山下，更变千年如走马。遥望齐州九点烟，一泓海水杯中泻"。诗人从天上的大视角俯瞰海洋，俯瞰人生，引发沧海桑田的惊人想象。教育者就需要这种博大的胸襟，以培育出胸怀宽广的人才。其次表现为前瞻性。航海的目的是到达彼岸——一个未知的世界，具有无限的吸引力。正是由于对彼岸的向往，人类才扬帆远航。彼岸不仅是航程的目的地，也是精神的动力源，劈波斩浪，一往无前，是对自然极限与自身极限的一种挑战，这就需要大气，需要一种恢弘的境界。教育从来不是为当下培养人才，而是为未来的社会。没有这种前瞻的眼光，就没有办法确定大气的办学目标。

创新。大海亘古常新，具有恒定与变动两重特性，海洋文化是一种喜新不厌旧的文化，当代社会变化太快，传统容易消失，所以更要珍视传统，保护传统。今日世界日新月异，竞争激烈，更不能抱残守缺，必须着眼未来。既拥有传统，又享受现代，是一种文化的两个侧面。教育需要的就是这种精神。传统是我们的根基，不可以丢失；现代是我们的依据，不可以离开。教育必须继承传统，又不能固守传统，得结合实际在传统的基础上创新。

兼容。"海纳百川，有容乃大。"海洋文化的另一个重要特征是它的包容性与多元化，细大不捐，包罗万象，涵盖古今。文化的包容性与多元化，不仅表现在物质文化形态的营造，如大剧院、博物馆、公园、游艺场等，更重在心灵世界的构建，尤其重要的是给青少年一代的成长提供一个多元的、潜移默化的文化环境，塑造健全的个性，培养独立人格与创造精神。另外，海洋文化的兼容性是积极的、动态的，是主动接纳而非被动承受。

博大、创新、兼容是海洋文化的显著特征，也成为海洋精神的主要内涵。

第六节　灯塔精神

辽阔的海洋，赋予了人类丰富的自然资源，随着航海而诞生的助航建筑——灯塔，就是茫茫大海上希腊神话中的“普罗米修斯”，灯塔以其特有的功能，成为海事安全的保护神。世界上的海洋国家都非常重视灯塔的作用，在不同的历史时期，相继建造了各具特色的灯塔。灯塔大多地处孤岛，一代又一代的灯塔看守者，在与世隔绝、气候恶劣的艰苦条件下，无怨无悔地用他们的青春和生命为海事安全默默地工作着，表现出以海岛为家和不畏艰难的奉献精神。如今，灯塔已成为世界上公益事业的崇高象征，全球海洋界把“燃烧自己、照亮人间”赞誉为“灯塔精神”！灯塔精神的内涵就是：坚守、责任、奉献、指明、希望。

坚守。如同全世界各地的灯塔一样，硇洲灯塔自建造以来，一直由专人看守着。看守灯塔是一项长期枯燥乏味又寂寞的工作，整天面对的也是茫茫的大海，谈不上趣味。可是守塔人会执着地守护着，护理着。这种坚守的精神是任何事业都需要的一种品质，教育尤其需要。教育也是长期的工作，日复一日、年复一年地在讲台上重复着同样的工作，有时候也会枯燥和乏味。但是坚守，就能够看到种下的种子破土而出、抽出新芽、开花结果或者长成参天大树。

责任。守塔，是枯燥而乏味的，但是这一份工作非常重要，因为它关系到千家万户，关系到海上人的安危。正是因为这一份责任，使得守塔人几十年如一日，甘愿平凡，甘愿寂寞。教育的责任同样重大，它关系到的是人类的未来。既然选择了教育这条道路，就要对自己负责，对工作负责，对千万个家庭负责。

奉献。在发明电之前，灯塔是以火照亮的。燃烧自己，照亮世界，是灯塔最为人赞颂的精神。守塔人几十年如一日，把自己的青春甚至一生都献给这个平凡的岗位，这不是奉献又是什么？如同教师一样，“春蚕到死丝方尽，蜡炬成灰泪始干”，赞美的就是教师的奉献精神。教育也需要这种奉献精神。

指明。这是灯塔的最大功能。有了它，海上航行的人就不会迷失方向。

我们常常把在精神上引领自己前进的人称为“精神灯塔”，借助了灯塔指明方向的强大功能。迷路是多么危险的事情，一旦找不到归途，就可能葬身途中。而在人生当中，也有许多人不清楚自己的方向，可能误入歧途，葬送一生。指路对于个人的成长是非常重要的。而在一个团队中，我们也需要有一个指引者，他的方向就是整个团队的方向。

希望。灯塔最显著的特征是“光亮”，它以它的光亮照彻船只前行的方向，也以它的光亮指引着船只，更能够让在茫茫大海上航行多日的人有了勇气和希望。人，最怕的是对一切都失去信心、失去希望。没有生活的目标，生活也就失去了意义。教育让人对未来产生憧憬，在这种憧憬的力量的支撑下，能够披荆斩棘，一往无前。

灯塔以及守候灯塔的人在长时间的历史变换中沉淀下坚守、责任、奉献、指明、希望的精神，这些精神世世代代滋养着海边的人，成为他们最宝贵的财富。

第七节　开发区精神

教育要塑造的人格中应该还包含着体现“开发区文化”的品质：开拓进取、创新务实、敢为人先。

开拓进取。开发区作为一个特定的行政区域是在有政策支持之下而产生的一方地盘，一般设在城市的郊区、城乡相接的地方，开发是为了利用它潜在的资源。资源开发出来，靠的是一种开拓的精神。将原先没有发现的或者没有认识到的资源挖掘出来，并不会在短时期内产生效益，还得继续努力，坚持不懈。开发区人的开拓进取，使得开发区由一片被人冷落的荒地变成了蕴藏丰富资源的宝地。

创新务实。开发区的历史并不悠久，这是它的劣势，但也是它的优势。它可以不必受传统的影响和束缚，只要认准目标，把握方向，就可以走出属于自己的路子。开发区的创新精神是它最重要的特征，但是创新不等于天马行空，不可以搞空中楼阁，还是得以现实为基础，得扎根于现实，结合独到的目光和远见卓识，这样务实的创新才能使自己与众不同而又光彩夺目。

敢为人先。创新是开发区的主要特点，而创新需要一种眼光，也需要一种魄力和勇气。眼光决定的是境界，勇气决定的是效果。开发区作为新的行政区域一直不缺少敢于走在前面带路的人，因为这样，开发区的经济才能遥遥领先。这种敢为人先体现在开发区的各个方面，就能让开发区全面发展。教育需要这种精神，有了这种精神，就有了践行这种精神的人，就有了改变的希望。

“斯道觉民”的“不拘一格、不遗余力、勤奋苦读、坚持正义、为家为国”的精神品质，“红色觉民”的“英勇顽强、保卫家国、敢于担当”的精神，“书院精神”中的“师生互动，开拓进取；百家争鸣，开放包容；因材施教，尊重个性；家国情怀，仁爱友善；知行合一，经世致用”，“海洋精神”中的“博大、创新、兼容”，“灯塔精神”中的“坚守、责任、奉献、指明、希望”，“开发区精神”中的“开拓进取、创新务实、敢为人先”共同凝聚成“觉民精神”：明责任，担使命，为家国，勇拼搏，正民风，强民生。

第三章　觉民教育的内涵

从开发区本土多元文化提炼出来的“觉民精神”体现的是世代开发区人的精神特质，是开发区人世代继承下来延续至今融在血液里的品质，是开发区人安身立命的支柱，是开发区人奋发图强实现自我的内在动力。教育是让人成长，挖掘开发区文化内涵，提炼其精神，让开发区人知道自己可以成为怎样的人，有了这一份自信和底气，才有了进一步的要求和发展。

“明责任，担使命，为家国，勇拼搏，正民风，强民生”，这六个短语涵盖的是开发区人在为人、为民上的特点和品质，将其中的精髓抽取出来，那便是：明德，循道，正觉，悟民。这就是“觉民教育”的精神核心，是“觉民教育”整个项目启动的理念基础。

从字面上来解释，“明德”就是懂得什么是基本的美德，懂得分辨德行的美丑，并且能在平日的行为中践行美德。“循道”就是沿着前人流传下来的方法，延续前人的做法有规律地将道理传播开来。“正觉”就是拥有智慧和真理。“悟民”就是使老百姓醒悟、明白。

这四个词，从构成词的元素来看，包含“道”“觉”“民”，用了嵌字法将“斯道觉民”四字中的三个字按照顺序嵌入其中，以示与传统的遥相呼应。

从结构上看，四个词整齐对称、两两对应，既是并列，又是递进，还是因果。从四个方面进行明确要求：德要明，道要循，觉要正，民要悟；德、道、觉、民是内容，明、循、正、悟是条件也是途径，四项缺一不可，都很重要，这是并列关系。从排列来看，明德在第一位，是首要，体现重“德”，“德”在“才”（道）先，然后再求德才兼备；其次是循道，知识与能力紧随“德”后，这样的人才有可能成为“人才”，也表现了“才”（道）并不是最重要的目标这一理念；正觉是在知识之上提出的更高的要求，提出“智慧人生”的理念；最后达到“悟”的境界，真正达到人生的圆满。一步一步去引导人的成长，去发展个体，这是递进的关系。从整组词语来看，最后的“悟民”是一个结果，是有了前面“明德、循道、正觉”之后水到渠成的结果，因此，可看作是因果关系。

这样的解释只是一种泛解，用在哪里都可以，可是落实到教育，就必须对其中的“德”“道”“觉”“民”的具体内容，以及“明”“循”“正”“悟”的具体方式再进行明确。

第一节 明 德

“明德”一词出于《大学》：“大学之道，在明明德，在亲民，在止于至善。”意思是：大学的宗旨在于弘扬光明正大的品德，在于使人弃旧图新，在于使人达到最完善的境界。这里的“大学”并不是我们现在所说的高校，而是大的学问或者相对于小孩而言的大人的学习，还可以是“博学”之意。“明德”有两层含义：光明正大的品德，弘扬光明正大的品德。

为什么要选这个词？首先是有对“觉民”的理解作为前提。开展“觉民教育”，是因为“民”“不觉”。“民”在哪些方面“不觉”？结合中国人在国际上的形象，结合近些年媒体曝光的种种现象，结合现在部分年轻人价值观扭曲、不辨是非、不分黑白、不知美丑、不懂善恶、追求享受、不愿吃苦等现实，还有在学校教育中有些教师工作懒散、没有热情、不肯钻研、不愿创新，学生不通礼仪、不懂敬谦、不辨善恶、不明是非种种现象，分析起来，归根结底，是“德”上有了缺陷。所以，“觉”首先要落实在“德”上。

那么，我们需要怎样的“德”？又如何培育出这样的“德”？儒家经典早有明示：

爱人者，人恒爱之；敬人者，人恒敬之。①

老吾老，以及人之老；幼吾幼，以及人之幼。②

克己复礼为仁。③

---

① 选自《孟子·离娄下》。意思是：爱护他人的人，他人也会一直爱护他；敬重他人的人，他人也会一直敬重他。

② 选自《孟子·梁惠王上》。意思是：尊敬自己的老人，推及尊敬别人的老人；爱护自己的孩子，推及爱护别人的孩子。

③ 选自《论语·颜渊》。意思是：努力约束自己，使自己的行为符合（周）礼的要求。如果能够真正做到这一点，就可以达到理想的境界了。

先义而后利者荣，先利而后义者辱。[①]

爱而知其恶，憎而知其善。[②]

与朋友交，言而有信。[③]

不知则问，不能则学，虽能必让，然后为德。[④]

恻隐之心，仁之端也；羞恶之心，义之端也；辞让之心，礼之端也；是非之心，智之端也。[⑤]

“德”是什么？古圣先贤告诉我们，德就是有爱心、无私心、重义轻利、言而有信、虚心谦让、明辨是非、知晓美丑等。德是居家则守孝悌，父慈子孝、兄友弟恭；外出则与人友善，诚信仁爱；治学踏实严谨，从事兢兢业业。德就是“仁、义、礼、智、信、恕、忠、孝、悌”，是恻隐心、羞恶心、是非心和辞让心。这样的道理在古代是从孩童时期就要明白的，是一辈子安身立命、为人处世的准则和依据。可是现在的孩子不明白，很多大人也不明白。教育就是要让人明白，让人懂得，让人对人性中的真与善产生敏感，觉察到“德”，认识“德”，践行“德”，传播“德”。所以，我们首先需要做的，就是让“德”“明”。“明德”二字由此产生。

选择“明德”还有一个原因——有典故，有出处，能够让人们在看到的时候马上想到《大学》中相关的句子，即使不能一下子明白是什么意思，联系后文，至少可以知道是要求人向“善”。

“明”字包含两层意思：作为形容词用，有“正大光明”之意；作为动词用，则是“弘扬，使之正大光明”。明确“德”的具体内容，然后去实施。“明德”在“觉民教育”体系中是基础，也是内容，还是途径。有了这个理念，才会派生出对不同类别、不同层次的人的“德”育系列。

---

① 选自《荀子·荣辱》。意思是：把合乎正义的行为放在利益的前面是光荣的，把私利放在正义的前面是可耻的。

② 选自《礼记·曲礼上》。意思是：对所喜欢的人也能知道他的缺点，对所讨厌的人也要知道他的长处。

③ 选自《论语·学而》。意思是：与朋友交往，说出的话要做到。

④ 选自《荀子·非十二子》。意思是：不懂的就问，不会的就学习，虽然有能力但能谦让，这样就养成了美好的品德。

⑤ 选自《孟子·公孙丑》。意思是：怜悯伤痛的心，是仁的发端；羞耻憎恶的心，是义的发端；谦辞礼让的心，是礼的发端；辨别是非善恶的心，是智的发端；一个人有仁义礼智这四端，就如同身上有手足四肢一样。

第二节 循　　道

“循道”是新造词，由“循”与“道”组合而成。

先说“道”。这是一个内涵非常丰富的字，我们最熟知的出处是《道德经》的开篇：“道可道，非常道；名可名，非常名。道，有名之始；名，万物之母。”这里对“道”的解释看起来有点玄，其实恰好表明了“道”的奥妙与高深。《道德经》中还说：“人法地，地法天，天法道，道法自然。”老子所说的“道”是宇宙的本源和普遍现象。庄子说：“夫道，有情有信，无为无形。”认为“道”是一种主观的精神，是意识。孔子说：“朝闻道，夕死可矣。”把获得对道的认识看作是求学的最高境界，“道”在此指的是“知识、道理”。综合以上对“道”的解释，可以得出“道”的基本含义：“道是本源，是规律和法则，是知识和道理。”

再来看看“觉民教育”理念基础之一的“斯道觉民”中的“道”。《孟子·万章上》说：“天之生斯民也，以先知觉后知，以先觉觉后觉。予，天之先觉者也，予将以斯道觉斯民。”这里的“道”按照上下文来看，是指“以先知觉后知，以先觉觉后觉”，是一种途径和方法，也是规律和法则，自然也包括知识和道理。那么教育要追溯的本源是什么？教育要遵循怎样的规律和法则，通过怎样的途径和方法，获得哪些知识和道理？

本源应该是最初的教育形式，能够体现教育效果的教育模式；本源是“人”，是教育的主体，这个主体既有学生，也有老师；本源是途径和方法，被千百代的人证明了是可行的途径和方法；本源还应该是我们奉为经典，不会改变的知识和道理。

教育的规律和法则包括人的成长规律、教学规律，包括人处于这世间必须遵守的法则，特别是教育中应该遵守的法则。途径和方法，是方式、是做事情可以采取的手段，是必须经过的路径。

知识和道理容易理解，包括对事物的认知、对世界的认知、对人本身的认知。而从教育的角度来说，那就是学科知识、为人处世之道等。

“循”作为动词有“顺着、沿着、遵守、仿照、按照”之意，作为形容词则有“良、善、好”之意。跟前面所说的“明”一样，一个表示方式方法，一个表示性质特征，意味着是要顺着前人的路径，遵守已成的规则，遵循事物的规律，按照一定的方法求得好的知识和道理。它强调两点：继承、优秀。也就是说我们所提倡的“道”不是凭空出现的，是前人智慧的结晶，是经受历史千淘万漉之后筛选下来的优秀的文化。中华民族是世界上留下最伟大、最璀璨的文化的民族，可是现在我们对历史文化知道多少？我们对于传承几千年的教育思想和教育方法又知道多少？许多人打着创新的旗帜，高喊要丢掉过去的传统，以为凡传统必落后，却不曾想过现在我们自己创造的知识与文化又处在怎样的地位？文化从来就不能孤立，只有继承，才能创新；教育也从来不会断链，古往今来，人的发展，一脉相承。因此，提出“循道”，就是要重拾传统，借助传统的营养打好根基，再进行创新。这个传统，既有文化传统，又有精神传统，还有方式方法的传统。

“德”是从品质、品行上的要求，而“道”则是从知识技能上的要求。

第三节　正　　觉

相对“明德”“循道”两个核心词语而言，“正觉”较难理解。这个词有其出处，《华严经》中说“初发心即成正觉”，本是梵语，指真正之觉悟。在佛教经书中一般指觉悟明了宇宙人生的实相，对宇宙人生的真相彻底明白、通达，具有究竟、圆满的智慧。佛教中的“正觉”有三个阶段：第一阶段是“正觉”阶段，也就是得了正觉的学位，这是最低的层次，对于是非、烦恼，都断尽了，属于“阿罗汉”阶段；第二是“正等正觉”阶段，也就是我们知道的“菩萨”，但还不够、不圆满；第三是“无上正等正觉”，就是最高的境界了，也就是成佛了，任何人的智慧能达到究竟、圆满，就是真心圆证，就可以称为佛了。佛是觉了宇宙人生的真相，拥有究竟、圆满的智慧。

以“正觉”作为“觉民教育”的精神核心，并非要达到成菩萨、成佛的目的，只是借用来表示教育想要达到的目标，就是有“真正的觉悟、圆满的智慧”之意。

“道”是知识，是人类对有限认识的理解与掌握；“觉”是智慧，是一种悟，是对无限和永恒的理解和推论。知识是有限的，再博学的知识在无限面前也会黯然失色。智慧是富于创造性的，其不被有限所困，面对无限反而显得生机勃勃。知识学习是智育的首要目标，但不是唯一的目标。学校的目的不在为知识而知识，知识应该为人的发展奠定基础。知识必须转化为智慧，才能显示出它的价值。也只有在智慧的引导下，才可能有真正意义上的心智活动。知识若不转化为智慧，知识越多越是身心发展的沉重负担。杜威曾经指出，教育要区分两种人：一种是拥有许多知识的人，另一种是睿智的人。前者拥有一大堆“间接知识”“外在的公共经验”，这些知识非但无助于其经验、智慧的增长，反而有可能阻滞生命的灵性和智慧的闪现。后者是机智的、消息灵通的，并善于处理他所遇到的各种问题。教育活动的目的应该是培养“睿智的人”。但必须指出的是，我们对智慧的理解必须超越逻辑思维和传统理性主义的狭隘智慧观，认识到非逻辑的直觉、想象、灵感的重要性，树立全方位、多层次的智慧观。

可以说“觉”是在“道”之后更高一个层次的要求，体现在教育活动中，应该包含两个方面的内容：一个是在知识的传授（师）与接收（生）上体现出自己的觉悟和智慧，另一个是在人生的认识上体现出自己的觉悟和智慧。前者表现为能够创造性地运用知识，后者表现为获得幸福人生。创造性地运用知识，是一种将有限的知识加以运用的智慧，不是每个人都能做到，得靠启迪。获得幸福人生不是指马上拥有，而是通过一些途径、方法，让人拥有获得幸福人生的能力或者条件。比如学校开展的美育活动，通过引导学生对“美”进行感受，熏染学生的情操，使他的内心对“美”敏感，一旦能够对“美”敏感，那么他的一生可能就会沉浸在“美”中，这样的人生，该是幸福的人生。比如体育活动，除了锻炼身体，还可以根据学生的喜好，引导学生发展一项最感兴趣的体育爱好，让这项爱好伴随一生，可以让学生终身受益，这也是让学生幸福一生的奠基。对教师而言，人生包括工作和生活，人生的幸福感应该由工作和生活两个方面的幸福感共同构成，因此，如何认识工作和对待工作，让教师在工作中获得幸福感是学校要为教师思考的重要课题。而在工作之外，学校也可以为教师提供丰富的业余活动，以充实教师的精神生活，提升教师的生活质量，增加教师的幸福感。工作和生活中的双重幸福感都具有了，教师的人生也就可以达到圆满。

“正”和“明”“循”一样，既是动词，也是形容词。所以“正”字放在“觉”的前面，有限定的作用，也是标明“觉”的途径。教育不能保证所有施教者和受教育者获得的觉悟是正确的，也不能保证他们获得觉悟的途径是正确的，但是可以进行规范和监督。“正”就有“纠正、规范、监督”之意，也有“正确、圆满”之意。“正觉”是为人的将来打基础的，着眼的是人的一生。

第四节　悟　　民

在四个核心词语中，“悟民”最为浅显易懂，其字面意思是“醒悟、觉悟的人”或“使人醒悟、觉悟”，这是“觉民教育”最终的目的。

“民”的范围很广，不单指民众，还包含所有的人：学校教育中的教师和学生，教师所在家庭与社区的人，学生所在家庭和社区的人。“悟”和“觉”近似，意味着之前的“不觉”，这个“不觉”可能是不自觉，也可能是不正觉，还可能是有“惑”。在哪些方面不自觉、不正觉、有惑？在“德”“道”和“觉”上。“悟”就是“明”的手段、“循”的途径、“正”的方法，使所有的人对他应该明白的“德”懂得，对他应该获得的“道”通晓，对他可以形成的“觉”通达。“悟民”包含的是一个过程，显示的是一个结果。邓康延说：“教育最大的功能是使人敏感，洞彻人心者，人心生光明。”这里的“敏感”其实就是已经“悟”的状态，如果能够对知识、对道理清楚明白，又能懂得如何去解决处理问题，懂得如何生活，走过自己的一生，既掌握知识，又生长了智慧，那么就可以称得上“成才”，称得上“圆满”。

综合以上的理解，觉民教育的基础是对教育的理解、对形势的把握、对未来的认识，相信每一个人都有潜力，有发展的愿望和发展的可能，相信传统文化的力量。觉民教育的实质和精髓就是“唤醒”教育，认为教育的作用就是将潜藏于心的知识、能力、情感、品质唤醒，让个体成长。觉民教育的基本内容就是针对民众、师生在“德、道、觉、悟”上的“不觉”进行“明德、循道、正觉、悟民”的教育，这和唐代韩愈在《师说》中提倡的“立德、传道、授业、解惑”遥相呼应。觉民教育的途径就是通过对传统文化的传承，将传统文化的精髓和现代科学技术相结合，开展教育教学活动。觉民教育的目的是培养德、智、体、美、劳全面发展，兼具传统美德和创新精神的新世纪人才。

第四章　觉民教育的内容

依托具有400年历史的有着深厚底蕴的东海书院，结合开发区内涵丰富的多元文化，借助习近平总书记“复兴中国梦”和教育部提倡弘扬传统文化的东风，借鉴省内外课改成功范例，得本市徐闻县贵生课堂的启发，觉民教育于2014年10月得以启动。

觉民教育以“明德、循道、正觉、悟民”为精神核心，围绕“觉民”二字开展全区性的教育活动，涉及全区所有的学校，对象是所有的教师和学生以及与他们相关的人。内容包括两大系列：觉师教育和觉生教育。

第一节　觉　　师

觉民教育把觉师教育放在前面，突出了教师的地位，也体现了领导者的教师观。

教师是学校的主体，而且应该是第一主体，对学校发展来说，教师是首要考虑的因素。北京市十一学校的李希贵校长写了一本书，书名是《学生第二》，引来了社会上的许多非议。很多人认为对学校而言，学生是第一位的。这些人没有认识到教师在学校里的重要性。一个学校，如果不把教师放在第一位，学校活动就开展不好。这个第一位不是说最重要，而是应最先考虑。教师的教决定着学生学习的方向、内容、进程、结果和质量，对学生的学习起着引导、规范、评价和纠正的作用。同时，教师的教还影响着学生学习的方式、方法，以及学习积极性、主动性的发挥，影响着学生的个性品质以及世界观、人生观、价值观的形成。尤其是在教学改革中，只有教师先对教改有了认识，才能在教学中予以实施。觉民教育是针对“不觉”而提出的一项教育改革，其精神核心是“明德、循道、正觉、悟民”，这既是开发区教育局领导的教育理念，也是想要达到的教育目标，同时还是区教育改革的指导思想。对应着这四个词，觉师教育的目的确定为：让所有的教师（包括学校领导）明确自己应该具有的品德，即明德；让所有的教师（包括学校领导）在专业技能、教育教学效果上得到提升，即循道；使教师的专业素养、文化素养和艺术素养得到提高，提升教师的幸福指数，即正觉。根据这个目的，将觉师教育的内容确定为：明师德、循师道、正师觉。

一、明师德

前文集中阐述了四大精神的核心内涵，从“德”字本身的构成去认识“德”的含义，是对“德”字本义的认识。具体到“师德”，应该联系教师这一特定的群体具体认识。

对教师而言，“明德”具体指什么呢？龟头小学的郑何进老师这样认为：

“世界上最广阔的是海洋，比海洋更广阔的是天空，比天空更广阔的是人的心灵。”这一句话说得好，我认为要想培育出具有良好品德的学生首先必须提高教师自身的综合素质，培养良好的个人道德修养和发扬无私的奉献精神。教师要通过自己的教育活动，塑造出具有健康身心、良好品格的新人，因而要求教师自身必须具备很好的道德修养和思想操守，有着为教育事业“为伊消得人憔悴，衣带渐宽终不悔”的奉献精神。对教师的职业而言，教师个人的思想道德修养大而化之成为教师职业道德规范，教育劳动的特殊性要求教师的职业道德，比其他任何行业都具有高标准和更具个性的追求。

“明德”就是明白做人的道德品质，它是我们教育的首要任务。人民教师肩负着培养祖国下一代接班人的重任，必须具有高尚的职业道德。怎样才能做到这一点？江海燕老师给我们播放了一些事迹的视频，言外之意就是学习他们，树立终身为教育事业献身的精神。首先，德，就是爱心。把爱心奉献给学生，努力践行“一切为了学生，为了一切学生，为了孩子的一切”。热爱学生，教书育人，教学中要防止只宠爱个别尖子，要面向“一切”，善于对待后进生，因材施教，扬其所长，避其所短。其次，德，就是责任心。一个人工作做得好不好，最关键的一点就在于对工作有没有责任感，是否认真履行了自己的职责。责任可以使人坚强，责任可以改变对待工作的态度，而对待工作的态度，决定你的工作成绩。假如你热爱工作，就应当勤于学习，把强化学习作为成长、成熟、成功的阶梯，少一些应酬，多读一些书；少一些饭局，多一些学习；少一些闲聊，多一些思考。假如你热爱工作，就应当有锐气，在自己的岗位上勇于开拓，永不懈怠！假如你热爱工作，就应当宽宏大量，在日常的工作和生活中，多配合协调，少相互拆台；多理解支持，少无端猜疑；多琢磨事，少琢磨人；多当面沟通，少背后指责；多揽过失，少争功利；多做实事，少图虚名。最后，德，就是乐于奉献，实现自我。教师的工作从本质上说，是一种利他性的工作，它不可能获得直接的财富改变自己的物质生活，因此，教师需要一种奉献精神。教师要有创新意识、进取精神。要制定个人的奋斗目标，不断追求成功。建立平等的思想，建立服务育人的理念。为教育事业，为学校的发展奉献自己的一切，在下一代的健康成长、全面发展中实现自己的人生价值。

教育大计，教师为本；教师素质，师德为本。我们要努力成为“政治坚定、思想过硬、知识渊博、品格高尚、精于教育、善于育人”的好教师。只要我们能够把德育放在首位，持之以恒，坚持以师德建设为突破口，必定能够带动教师队伍整体素质的提高，反映出师德的时代特征。

这个认识是比较全面的，可是也有人认为，师德可有可无，教书教得好，学生成绩高就可以了，这是对师德片面的理解。为人师，不仅在于学识，还在于人品。近些年有一些教师不遵师德，体罚学生、侵犯学生，给学生造成身体的伤害甚至心灵的创伤，让教师形象大为受损。

2013 年 9 月 2 日，教育部印发《教育部关于建立健全中小学师德建设长效机制的意见》，明确教师不可触犯的师德禁行行为及相应的处罚办法。《意见》要求，将师德教育纳入教师教育课程体系，师范生培养、新任教师岗前培训、在职教师培训都必须开设师德教育课程……将师德考核作为教师考核的核心内容，摆在首要位置。

师德有哪些内容？1996 年 12 月由山西教育出版社出版的《教师职业道德概论》一书将教师的职业道德分解为教学道德、言语道德、交际道德、个人生活道德。其中教学道德包括：热爱科学、精通业务，认真备课、精心组织，注重效果、促进教学，改革探索、创新进取。言语道德包括：思想正确、以理服人，情真意切、以情感人，准确生动、引人入胜，礼貌文明、为人楷模。交际道德包括：热爱学生、平等待人，尊重家长、密切联系，团结同事、善于协作，社会交往、公正无私。个人生活道德包括：严于律己、宽以待人，勤劳俭朴、艰苦奋斗，精神充实、作风严谨，仪表端庄、以身示范。这本书是较早对师德进行全面阐述的教师师德学习用书，能够做到以上罗列的 4 大方面 32 小点，那么一定可以成为一个师德楷模。

“明师德”要求教师，必须清楚“师德”内容，遵守教师职业道德规范，了解国家有关师德的政策与法规。学校里分工不同的教师，也应该明确自己必须具备的师德。

作为学校领导阶层的校长以及副校长，除了在师德上成为教师的榜样之外，还应该具备领导者的胸襟和气度，有大局意识和广阔的视野，有创新的胆识和担当的勇气。作为学校中层领导的科室主任、副主任，也有各自所需的品德，要有甘当配角的心态，做好上请下达的桥梁，有开拓创新的意识，有吃苦耐劳、真抓实干的精神。班主任作为班级领导者，更需要有相对应的品德：爱生如子、公平公正、勇于奉献。科组长作为学科带头人，要做到“正、善、谦、实”，有扎实的专业素养，有炽热的人文情怀，有勇于担当的责任意识，可以在科组形成凝聚力和向心力。

如何去“明”？

第一，明法规。组织学习《教育部关于建立健全中小学师德建设长效机制的意见》以及《教师职业道德规范》等相关资料，以了解教师应该遵守的基本职业道德。

第二，明责任。身为教师的责任、领导的责任、下属的责任、同事的责任，这些都是应该明确的。知道自己的责任，就会有责任意识，会尽可能去承担和完成工作。

第三，长期抓。把师德建设当作一项长期任务来抓，定师德建设月、师德建设周，将师德的考核纳入学期教师考核之中。

第四，树典型。及时发现师德典型进行宣传，弘扬正气，树立榜样，营造争创师德先锋的良好氛围。

二、循师道

“循道”在觉民教育中是“顺着前人的路径，遵守已成的规则，遵循事物的规律，按照一定的方法求得好的知识和道理”之意。这里的“道”有两个含义：规律、方法、知识、道理；获得规律、方法、知识、道理的途径。“循师道”将“道”的内容更加明确化，“道”是“师道”。

“师道”是什么？《后汉书·桓荣传》中说：“臣师道已尽，皆在太子，谨使掾臣汜再拜归道。”《汉书·匡衡传》中说：“望之（萧望之）奏衡经学精习，说有师道，可观览。”明朝顾起元的《客座赘语·师法》中说：“数十年前，士人多能持师道，以训弟子。”韩愈的《师说》中说：“师道之不传也，久矣。……”鲁迅的《书信集·致曹聚仁》中说：“古之师道，实在太尊，我对此颇有反感。”从上面的引文看，“师道”有三个意思：第一，犹师法，指教师的学问或技艺体系；第二，为师之道；第三，指师之地位、作用以及尊师之风尚。结合觉民教育对“道”的理解，“循师道”中的“师道”指的是教师的学问或技艺体系、教育教学的规律方法和途径，“循师道”便是遵照过去为师者的路径，遵守为师的规则，遵循教育教学的规律，按照科学的途径获得和传授学问或技艺体系。

过去为师者的路径是什么？觉民教育依托的传统是书院文化精神，而书院就是为师者在这里传道授业解惑的地方。我国许多著名的思想家和哲学家出于书院，东海书院也孕育了如今岭南师范学院前身雷阳书院的院长陈乔森，这些都可以明证书院的办学模式特别是教师的教授方式促进了人才的培养。从教授的内容来看，书院注重德业并重。重视德行的修养，乃至把德行放在比学业更为重要的位置上来对待，是我国古代知识分子的共同追求，是自孔子开始就渗透到中国古代知识分子心目中的一种不能磨灭的思想。书院是知识分子汇聚的地方，作为以“化育人才”为己任的一种学校形式，在完成学业任务的同时，书院教育自始至终都表现出对于德行培养的高度重视。吕祖谦在乾道四年（1168）九月为丽泽书院所订的《丽泽书院学规》开篇即说：“凡预此集者，以孝弟忠信为本。其不顺于父母，不友于兄弟，不睦于宗族，不诚于朋友，言行相反，文过遂非者，不在此位。”可见“孝弟（悌）忠信”的德行对学习者而言的崇高地位。对书院发展做出最重要贡献的朱熹同样重视德行培养，认为书院就是一个学者带领众多学者从事学术研究以及涵养道德人格的场所，其所作的著名的《白鹿洞书院揭示》中所说的“修身、处事、接物”之要，无不包含着涵养道德人格的意义和思想。这种“德业并重”的思想为后代的书院所传承和发展。从教授方法来看，书院采取的是自由活泼的方式，不管什么人都可以来学习，不分贵贱，无论长幼，提倡学生自由钻研、自行领会。书院教育的主要方式就是学生自行读书、自行钻研、自行领会，其间教师予以指导。朱熹认为，格物、致知、诚意、正心、修身、齐家、治国、平天下，最重要的方法就是自行读书，并在自行读书的过程中自行思考和钻研，从而得到自己的认识。这种“自由”的学习方式，对于发挥学生的主动性和创造性具有十分重要的意义，成为书院教育非常重要的特色之一。用现在的话来说，就是“教书育人”，这是教师最重要的使命，也是教师生涯最重要的内容和途径。

教育教学的规律涉及教育学的内容和学科认识，和上面的内容一样，体现的是一种教育的思想和为师理念，学问或技艺体系则关涉教师的能力和素养。

教师的能力和素养又包括管理能力、领导能力和专业素养。不同的岗位对教师能力和素养的要求也不一样。就管理和领导能力来说，可以分为两种，一种是作为领导者的管理和领导能力，比如学校的校长、主任、科组长、班主任等，有管理和领导的对象，需要具备相应的才能；还有一种是作为教学组织者的教师，也是需要管理和领导能力的，这里的管理是指管理课堂，大到他所上的所有的课堂，小到具体某一节课的课堂，也需要对他的教学对象进行领导，这种领导不同于有领导职务的领导，而是一种思维的领导。教师专业素养是指从事教育教学工作所必须具备的特质。一般来讲，教师专业素养主要由四个部分构成，即专业精神、专业知识、专业能力和专业实践。专业精神可归入师德；教师专业知识主要包括学科知识、个人的实践知识和教育类知识；教师的专业能力是教师组织教育活动，对学生施加有目的的影响的主体“行动”能力，这些能力通过教育活动来体现并保证教育活动有效进行，主要包括：教学能力（教学设计能力、教学实施能力、教学评价能力）、组织和管理能力和科研能力；专业实践则是指具体的操作。

综上所述，“师道”包含三个方面的内容：教育教学理念、学科专业（职位）知识、教育教学技巧。

如何“循”？还是要回到觉民教育中来。“觉”就是一种途径，从不觉，到感受、感知，再到知觉、知晓，然后内化为自己的知识和品质，加以实践，最后去影响他人，实现“他觉”，也就是先通过“他”来“觉”己，己“觉”后再“觉”他这样一个过程。具体来说，可以通过继承、学习、培养、创新、宣传等方式，开展觉师培训系列活动来达到“循”的目的。

三、正师觉

“正觉”是指“真正的觉悟和圆满的智慧”，在教育活动中，应该包含两个方面的内容：一个是在知识的传授（师）与接收（生）上体现自己的觉悟和智慧，另一个是在人生的认识上体现自己的觉悟和智慧。

简单地传授知识，那是传道，一般的教师都能够做到，但是要在自己的教学中有了自己的领悟，创造出个人的风格，形成个人的思想，却不是每一个教师都能够做得到。“正师觉”中的“师觉”就是指自己在教学中真正的觉悟和圆满的智慧。

什么是真正的觉悟呢？即在反复实践和思考之后，对学科教学的认知，对自己定位的认识，对于师生关系的认识，甚至对于职业的认识有了自己清醒的认识。这种认识又区别于“循师道”中的基本教学理念，是在基本教学理念的基础之上结合自己丰富的教学经验和深入反复思考而形成的带有个性特征的想法，这种想法再实施于教学，就显示出独具魅力的个人风格。这是一个热爱教育事业的人的终身追求。

还有一种觉悟也是与教学有关，即在教学过程中发现自己的潜能或者特长，并借助这种潜能和特长拓展课程，形成个人品牌课程。目前国内最前沿的教学改革都是在进行课程的改革。基础课程只占学校课程的三分之一，许多学校花费人力、物力、财力大力开发拓展性课程和研究性课程。未来学校之间的竞争就在于课程的竞争，课程开发得多、优、精，学生的潜力就能得到更大、更广、更深的挖掘，将来可以选择的学校和职业就更多。教师之间的竞争也将是课程开发的竞争，谁能够开发出新的课程，这个课程能够适应时代的需要并且可以持续发展，谁就将成为教坛的王者。“师觉”就是要对自己的潜能有真正的觉悟，对未来的社会有一种敏感的预见，这是一种为师的智慧，也是为社会人的智慧。

教师，还是一个社会人。除了工作，还有生活。工作不能成为教师的全部，教师的人生不单要有成功的事业，还需要有高品质的生活。这样，才是圆满的人生、幸福的人生。

什么叫作高品质的生活？朱永新创立的“新教育”提出的口号是：“过一种幸福完整的教育生活。”“幸福完整”应该是高品质了，“幸福”是“内心丰盈而满足”，“完整”是“没有缺陷”。我们认为，高品质有两个特征：精神的充实和生活的和谐。如何达到精神的充实？自然是需要不断补充精神的营养，比如文化和艺术的熏陶。生活的和谐也需要名家的指点、心灵的鸡汤。这一点是比较容易做到的，学校可以不定期邀请国内外文化与艺术类知名学者专家开设讲座，提升教师的文化与艺术素养；还可以请一些人际关系方面的专家开展培训活动，协调人与人之间的关系，促进各种关系的和谐。

“正”有“纠正、正确”的意思，包含着途径、做法和内容的性质。综合起来，“正师觉”就是引导教师对自己的职业和人生进行正确深入的思考和领悟，从而在事业上和生活上都能够达到圆满，最终实现幸福人生。

第二节 觉　生

学生也是教学活动的主体，学校的发展通过学生的发展呈现出来。觉生教育是觉民教育的另一个体系，是针对学生开展的教育活动。“觉生”有两层含义：使生“觉”，“觉”的生，包含针对学生的教育教学活动的内容（觉）和目标（觉）。学生应该在哪些方面“觉”？应该以什么样的方式让学生“觉”？学生的“觉”又表现在哪些方面？这些都是觉生教育必须考虑的内容。对学生来说，兴趣、习惯和性格是最重要的，学校应该在这三个方面为学生创造条件，设计课程，提供平台。围绕觉民教育四大精神核心“明德、循道、正觉、悟民”，相应地确定觉生教育的内容。

一、明生德

明生德即明确各个阶段的学生应该具备怎样的品德，即德育目标，按照这个目标开展活动进行培养。

“生德”有哪些？德育目标是教育目标在德方面的总的要求。从专业上分类，可分为三个方面：①思想、政治、道德准则或规范方面的目标，包括热爱祖国、热爱家乡、热爱集体、关心他人、乐于助人、热爱劳动等；②思想品德心理发展的目标，是指知、情、意、行诸方面心理素质得到和谐发展，具有义务感、责任感、诚实、正直、关心别人、珍惜友谊、守信、自尊、自主性、积极进取、勇敢、乐观、毅力、自制力、好学、勤奋、刻苦、认真、爱惜时间、喜欢思考等良好心理品质；③思想品德能力方面的发展目标，是指能够具有道德判断、道德推理的能力，有共感能力，能感知或体验他人情感，还有实践和调节自己行为的能力。通俗一点讲，就是两个方面的内容：思想品质和行为习惯。学校教育除了教授学科知识，更为重要的是让学生形成良好的思想品质和行为习惯，塑造美好人格。

以上是笼统地就学校要培养的“德”的总体目标进行大致的分类，落实到学校，还应该根据学阶再进行具体的阐述。比如在幼儿园阶段，需要孩子们具备怎样的思想品质和行为习惯，小学、初中、高中的学生又需要具备怎样的思想品质和行为习惯。要了解这一点，就得对孩子的成长规律有清醒的认识，《教育学》《儿童心理学》等书都可以帮助我们去了解，也可以从古代的教育中得到借鉴，《弟子规》就是一部教导孩子养成思想品质和行为习惯的教科书，其中非常明确地排列出了德育的顺序：弟子规，圣人训，首孝悌，次谨信；泛爱众，而亲仁，有余力，则学文。

开头几句明示，品德的修养从“孝悌”开始，孝敬父母的方式有许多种，随着时代的变化，方式也发生了变化，但是有一些传统是不可以丢的，比如“父母呼，应勿缓；父母命，行勿懒”是起码的孝的表现；“悌”指的是兄友弟恭，可以扩充到班级，同班同学年龄差不多，互相关心友爱，从小培养起和谐的人际关系。然后是“谨信”，“谨”是谨慎，“信”就是信用，对待自己的言语、思想行为要慎重，不能轻率放荡，要时常检查是善是恶，对圣贤的道理要仔细体会，深解意趣，就不再怀疑；表现在言思行上不再有虚妄，处处显示真实，这就是信。再就是要有爱心，乐于去帮助别人。在这个基础之上去亲近道德修养高、学业水平高的人，从他那里获取知识和为人的道理。

这是蒙学经典中关于“生德”的具体规定，可以参照这个规定制定小学阶段的德育目标：小学一年级“明孝悌”，二年级“谨言谨行”，三年级“守诚信”，四年级注重“爱”，五年级注重“仁”，六年级注重“义”。可围绕这些目标设置德育课程，开展多种形式的实践活动，将德育落在实处。

“生德”的具体内容还得和学校的办学理念、办学目标相一致，这跟领导者的视野、眼光和意识有关。如果觉得在将来的社会中懂得如何与他人和谐相处最为重要，那么学校领导者可能会把德育的重点放在培养孩子的“社会性”上，围绕这个重点去设计各学段的德育内容；如果觉得在将来的社会中个性最为重要，那么学校领导者可能会把德育的重点放在培养孩子的“个性化”上，围绕这个重点设计相应的德育课程。

如何“明”？不管是怎样的“德”，最终还是应该落实在课程当中。德育课程有哪些呢？常规的班团队会课、主题月活动、节日活动、社会实践、生命课程、生涯规划等，可以从横向、纵向来设计。横向的，不同品德的类别对应不同的活动形式；对不同个性、不同年级的学生设计不同的内容。纵向的，一个学期各个阶段设计不同的活动主题；从一年级到六年级、初一到初三、高一到高三，按照孩子成长的规律和需求设计不同的主题，开展不同的活动。

二、循生道

“循道”就是遵循正道。“道”是正道。《荀子·尧问》曰：“方术不用，为人所疑，其知至明，循道正行，足以为纪纲。”作为觉民教育精神核心的第二个词，“循道”是“顺着前人的路径，遵守已成的规则，遵循事物的规律，按照一定的方法求得好的知识和道理”之意，这里的“道”有两个含义：规律、方法、知识、道理；获得规律、方法、知识、道理的途径。“循生道”将“道”的内容更加明确化，“道”是“生道”。

“生道”是什么？即学生获取的规律、方法、知识、道理，以及获取规律、方法、知识、道理的途径。在古代，有“六艺”，即礼、乐、射、御、书、数六种技能；文化知识上，四书五经是封建社会读书人必学的经典。现在的“道”内容更为丰富，涉及面也极广，但都是为了让学生获取知识和技能。教育者就应当让学生学会“道”，让学生“循道”。

“生道”根据不同学生年龄、不同学习阶段确定不同的内容，即使是同龄同学阶，也会因为学校的办学理念和办学目标不同而有差异。生的“道”主要体现在课程设置和课堂教学上。

课程是指学校学生所应学习的学科总和及其进程与安排。广义的课程是指学校为实现培养目标而选择的教育内容及其进程的总和，它包括学校教师所教授的各门学科和有目的、有计划的教育活动。在升学考试的指挥棒下，各校开设的课程大同小异，大多是基础课程，包括语文、数学、英语、政治、地理、历史等要进行统考的学科，大多数学校也主要开设这些学科。但随着对教育认识的深入、与国际交流的加强、对未来社会所需人才的认识，越来越多的学校意识到课程设置的重要性，认识到基础课程对人才培养的局限，预见未来社会的需求，看到学生的兴趣和潜能所在，发现教师的特长和能力，于是学校延伸了基础课程的空间，充分利用资源，开发出拓展性课程和研究性课程。课程越丰富，学生可以选择的余地就越大，学生可以锻炼的技能就越多样。学校不是为某些孩子创办的，孩子们的特点不同，他们的发展也不同，同样的课程也许只能培养出大众化的孩子，而个性化的课程可能培养出多方面的人才。北京市十一学校就是这样一所在课程设置上走在全国前面并且卓有成效的学校。2014 年 2 月，人民网报道了北京市十一学校的课程改革：“……十一学校通过对国家课程、地方课程的校本化，构建了一套分层、分类、综合、特需的课程体系，创立 265 门学科课程、30 门综合实践课程、75 个职业考察课程、272 个社团、60 个学生管理岗位，供学生选择。在这些课程中，除了少数的必修课外，其余大部分是选修课程，所有课程排入每周 35 课时的正式课表，学生不仅可以选择课程，还可以选择上课时段，真正做到自主选择，一人一张课程表。”当时全校有4 174名学生，就有4 174张不同的课程表。学生们采取“走班上课”制，每个人都按照自己选择的课程安排一天的“行程”。学生在进入学校之前的暑假开始选课，开学后每个人就有自己独一无二的课程表，根据这个课程表进行课程的学习。上海复旦大学附属中学的浦东分校也是如此，全年级 195 名学生就有 195 张课程表，每个人都是私人定制。适合自己的才是最好的。而国外一些学校和国内的一些小学，因为意识到分科教学不利于教师对学生的整体评价，开始尝试全科教学。利物浦一所学校校长苏·郝卡斯，至今还是一个兼教数学、逻辑、艺术、地理、文学等课程的全科教师。她认为，如果只教一门课，教师只会关注学生在这门课上的表现，这会导致“割裂的评价”。比如说，一名学生在数学课上表现很差，那可能是因为他的逻辑思维能力有欠缺，但这不代表他在其他方面有问题——如果没有全科教师综合观察，他可能会被认定为“差学生”。而教师正是凭借“全科背景”捕捉学生的潜能。这种潜能，不由学科界限粗略划定，一名细心的全科教师会发现“爱做火箭的学生”“擅长拼写单词的学生”……清华附小的“$1+x$”课程探索、北京市十一学校亦庄实验小学的全课程探索、重庆谢家湾小学的“小梅花”课程探索、常州的5所小学试点“全课程”改革探索都是在课程的整合中走出了自己的课程改革之路。未来学校的竞争不再是升学率的竞争，而是课程的竞争。“觉民教育”的“循生道”，就是在尊重学生的成长规律，尊重每一个学生的个性和需求的基础上对学校的课程开发和整合提出要求。

课堂是实施“循生道”的主阵地。觉民教育将这一块主阵地称为“觉民课堂”，开展新的课堂教学改革。早在2010年，湛江经济技术开发区教研室就制定了“有效课堂人人达标”的课堂教学改革方案并在全区中小学予以实施，5年来，有效课堂取得了显著成效，开发区中高考成绩连年攀升。觉民课堂不是对有效课堂的颠覆，而是延展和深入。如果说有效课堂重视的是课堂的结果，觉民课堂注重的则是取得这个结果的原因和过程。也就是说，觉民课堂关注教师在课堂上以何种方式传道，以及如何去传道。

觉民课堂要求向传统借智慧，以传统书院文化为依托，借助传统书院的精神来培养德才兼备的新一代人才。朱熹认为最重要的方法就是自行读书，并在自行读书的过程中自行思考和钻研，从而得到自己的认识，这种自由的学习方式，对于发挥学生的主动性和创造性具有十分重要的意义，成为书院教育非常重要的特色之一。书院还鼓励师生之间互相质疑问难，互相质询是书院教育非常重要的一个教育传统。这种质疑问难既有学生存着疑问向教师质询的，亦有教师考问学生的。著名的《朱子语类》记载的多是朱熹与其弟子互相质疑问难的实录。书院也倡导学生之间互相切磋。吕祖谦《丽泽书院学规·乾道五年规约》即这样规定：“凡有所疑，专置册记录。同志异时相会，各出所习及所疑，互相商榷，仍手书名于册后。”顾宪成所订《东林会约》也有专门一条如是说：“一人之见闻有限，众人之见闻无限。于是或参身心密切，或扣诗书要义，或考古今人物，或商经济实事，或究乡井利害，盖有精研累日夕而不得，反复累岁月而不得，旁搜六合之表而不得，逖求千古之上而不得。一旦举而质诸大众之中，投机遘会，片言立契，相悦以解者矣。”所以书院倡导学生互相之间“亲师取友，切磋琢磨，所以讲明义理”，鼓励师生之间、学生之间“相观而善，相资而成”，认为学生学习如果不能互相切磋，互相学习，“身居一室之内，心驰万里之外，虽日亲方策，口诵圣言，亦欺入耳”。

书院的教学模式对于现在仍有诸多借鉴，觉民课堂从其特点中概括出几点：“师生互动，开拓进取，百家争鸣，开放包容，因材施教，尊重个性，家国情怀，民族责任。”提炼成这几个词：开发、开拓、开放。

开发。字典里是这样解释的：开拆、启封；开掘、发掘；施展并发挥、启发；开导；开朗焕发。从解释中看，“开发”既可以作为动词，表示“开导、开掘、启发”之意；还可以作为形容词，表示“开朗的、焕发的”之意。学生在学习知识前，对于要学的知识是懵懂的，是迷惑的，这种懵懂与迷惑并不是因为学生天生没有理解的能力，而是他的智力和潜能没有被开启和挖掘而暂时表现为懵懂与迷惑。就如一块土地，在开发之前，人们可能并不知道它的价值，但并不等于它没有价值，它的价值就藏于它自身，等到有人买了它，除去了它的草，平整了表面的土，根据它本身的特点进行了规划，它的优势和价值就体现出来了。再如一座山，它里面有着丰富的矿藏，可是如果你不去挖掘，它就只是一座普普通通的山，挖掘之后，矿藏出来了，它的价值才会被看到。每一个学生都是一块可以开发的土地，都是一座蕴藏宝贝的山，教育的责任，就是尽最大可能让土地或者山实现其最大的价值。“开发”强调教师在课堂的引导和启发，强调学生在教师的引导和启发下开启智力、焕发潜能，这就要求教师注意问题的设置以及学生回答问题过程中表现出来的能力或者缺陷，及时引导学生进一步思考，将思维引向深入。“开发”还强调学生学习的效果有一种“开朗焕发”的特点，最后能够豁然开朗而有所“悟”。

开拓。就是开创和拓展。开创，说明这个事物之前是没有的，拓展是将其范围扩大。开发是就学生的智力和潜能而言，开拓是就学生的视野和思维而言。视野是一种认识，对所学的知识、对社会、对人生的认识。思维也是一种认识，包括认识的过程。学生对于所学知识一开始是没有认识的或者认识较浅，教师通过教学手段让学生掌握了知识，也算一种开拓，但这种开拓只是很浅层次的开拓。觉民教育强调的开拓是对知识的认识。比如识字，不仅教会学生认识这个字，还帮助学生认识这个字在实际中的运用，有了生活的视野，有了社会的视野，有了探究字的来源的思维，有了扩展字的用途的思维。视野和思维的开拓也能让学生学得深入，学得扎实，同时也能锻炼学生的想象力和创造力。

开放。既是形式也是特点。从形式上说，追求的是开放式的课堂，组织形式不拘一格，甚至连课堂都可以不在教室；师生间的关系也是开放的，师可为生，生也可为师，什么样的方式能够得到最好的教学效果，就采取什么样的方式。从内容上说，也是开放的，不局限于教材上的知识，教师可以自己来确定教授的内容，甚至可以自编教材。从思想观念上讲也是开放的，学生可以质疑教师，教师也可以请教学生。开放还体现在“放开”，放开思想，自由创造，尽可能让每一个学生都愿意表现、可以表现和乐于表现。课堂呈现出生机勃勃的气象。

开发、开拓和开放是对课堂的要求，也是觉民教育的追求，这三个词既照应开发区这个区域的特征，也与“觉民”的“觉”含义一致。“觉”就是“唤醒”“懂得”“觉悟”，使深藏的东西显示出来，开发、开拓、开放的课堂就是唤醒和激发学生潜能，让学生的视野和思维得到发展，让学生产生知识的敏感，促发想象力和创造力的课堂，体现的仍然是“教育是唤醒人，让人成长”的理念。我们可以从一篇文章去具体感受。

循幼儿之道　引领幼儿健康成长

开发区第一幼儿园　李丽英

我们的幼儿园教育，应如何“循幼儿之道”，让孩子依托生命，依托自然，依托社会，促进他们快乐地生活，健康地成长呢？这，不仅仅是教育方法的转变，更是教育观念的深刻变革。在这方面我进行了思考和探索。

一、“循幼儿之道”，体现生命的伟大

生活即教育，教育应无痕。自然生态教育环境不仅在幼儿园之外，在幼儿园内也包含着大量的自然生态教育环境资源。幼儿园的绿地、树木、花草能让幼儿真正地走入自然，亲近自然。

我园的种植地、小树、游泳池，让孩子融入其中，与自然亲密接触，这真实的自然替代图片、替代语言，让孩子与自然环境中的生命互动，能让孩子真正体验“生命自然”。例如，我会说：“你知道我们幼儿园有几棵大树吗?”“你们会数吗?”“嘿，怎么有的花生叶子不一样？是不是也像我们一样有不同的名字?”“还有大有小呢。”“它吃什么呀?”于是我给孩子们布置了一个有价值的任务：《花生的成长》，让他们自主地从不同角度去查找相关的资料、图片，期限两周。没过几天，孩子们陆续带回来他们的资料，不但解决了孩子们的所有疑惑，还拓展了他们的视野：原来花生的成长需要阳光、空气和水，它们的果实是长在泥土底下，有不同的种类和生活环境……在这之前，我从未想过这么小的孩子能有这样的水平。幼儿的潜力的确是无穷的。从此，我更加放手，让幼儿在生活中学习。例如，利用活动区的人

数、游戏材料的数量等，让幼儿学习有关“数”的概念；通过“我是第几组的小朋友”“我排第几个”等问题，让幼儿积累与“序”有关的知识经验；通过游戏时的发放碗筷等，让幼儿学习“对应比较”……

事实上，当真正把课堂的主体地位还给幼儿，真正做到全面依靠幼儿时，我们就会看到以前想也不曾想到的无穷的美景。

二、“循幼儿之道”，实现教师的“无我”

“循幼儿之道”理论的基点和出发点就是：任何时候，都要相信幼儿，依靠幼儿，把发现问题连同创造性地解决问题的光荣一并还给幼儿，我们教师在活动中是不用太多的说教的。

例如：在欢跃的操场上聚拢了一群孩子，原来这群小家伙被另外一只绿绒绒的小鸟吸引住了。孩子们从来没近距离见过这么小的鸟，对它非常感兴趣。他们好奇地说着“它妈妈呢”“找个笼子给它吧”“小鸟的家在树上”“我们给它做个家吧”……我赞成孩子们的“筑巢”活动。幼儿进入活动室后，我说：“让我们用不同的材料试着做吧。”孩子们纷纷按自己的想法选择材料，我说：“孩子们，你们想想怎样才能用这些材料把巢搭得又稳又结实?”孩子们积极性很高，尝试用绳子绑树枝，用胶布固定支架，把树枝铺在支架上，垫上草；有的把布铺在盒子里；有的用筷子架在盘子上，然后垫上纸巾；有的把海绵塞进瓶子里。粘、贴、剪、缠，所有的本领都用上了。有的单独干，有的与同伴合作干。他们的神态是那么的投入，最后呈现的作品也是多种多样。

此时我问了：“谁愿意讲讲自己是怎样想的，怎样做的？想想为什么有的巢很牢固，有的却不行?”幼儿能用比较完整的语言讲述操作过程，我及时用赞许的口气对他们进行了表扬。

于是我接着提出了一个关于“筑巢”的新话题：怎样筑才能让巢更稳固、平衡呢？由于有了先前的基础，他们有的独自、有的合作，边找材料、边尝试、边操作、边议论，他们一心一意想通过操作，解决老师提出的问题，自信心似乎比上一次的尝试、探索活动时更足了。

幼儿在我提出的一个又一个问题的引导下，一步一个脚印地向生成的内涵深入发展。在这里，“问题”激发了幼儿的尝试、探索兴趣，激励着幼儿主动活动，“实践、探索”让幼儿自己发现问题、解决问题，“交流”使幼儿相互补充，集思广益，对尝试、探索的认识更加准确和完整，“习得”使幼儿的科学知识又有了长进。这个活动的全过程，体现了“循幼儿之道”的要求，我在每个教学环节中的语言不多，要说，也只说一两句引导幼儿主动活动的话，这是尊重“幼儿是真正意义上的学习主体”的表现，体现了教育的无痕。

“教师的最高境界，是‘不见自我’。他应该是一只最合脚的鞋子。”郭思乐教授说，“他的核心任务，不是自己‘教’，而是组织学生‘学’、服务学生‘学’。他要为学生创造生机勃勃的、令学生‘忘我’的课堂。”

三、“循幼儿之道”，回归人文的和谐

要善于利用家长的资源，如家长职业资源、特长资源、文化背景资源等，使幼儿活动开展得更加生动和扎实。让幼儿在自己熟悉的环境中学习社会交往和与人分享，不让学习与生活分割开来而是结合成为一体，能使生活中的常见事物与幼儿熟悉的环境都成为开展教育活动的生命来源。如琪琪家是做生意的，休息日她也到店里自娱自乐，并在姐姐的引导下运用所学的分类知识帮爸爸妈妈进行货物的分类和统计，做爸爸妈妈的好帮手。有不明白的地方时，她还调动妈妈运用现代化的工具——电脑进行搜索，如常用的统计图有柱形图、拼图、线图等都是她通过妈妈的帮助收获的知识。

除了家庭环境资源，社区中的环境也是非常丰富的，尤其现在新建的小区，有许多配套的餐饮、娱乐、医疗、购物、保卫等设施，它们经过我们有目的的筛选后，都能成为教育环境资源。如我带着孩子去看老街、新建筑，从中感受家乡的发展变化；去小学参观交流，丰富孩子们的知识；夏天时，我们领着孩子去湿地公园观荷花，寻找夏天的秘密，享受大自然赋予我们的阳光、空气、美丽景色。可以说周边社区的各类教育资源为我们的教育增添了新的风采，真正实现了人文的和谐。

循幼儿之道，如同给脚提供合适的鞋，当教育适合儿童时，我们也就可以看到儿童忘记了自己在学习，忘记了自己是在课堂上，甚至忘记了自己，这时人的内部自然规律起作用了，儿童的学习热情和学习效率空前提高了。

三、正生觉

“正觉”是指“真正的觉悟和圆满的智慧”，在教育活动中，应该包含两个方面的内容：一个是在知识的传授（师）与接收（生）上体现出自己的觉悟和智慧，另一个是在人生的认识上体现出自己的觉悟和智慧。

“正生觉”是觉生教育的一个重要内容，强调的是让学生获得真正的觉悟和智慧。学生该在哪些方面获得真正的觉悟和智慧呢？应该是在个人的发展上。而个人的发展包括两个内容：一个是将来的事业，一个是将来的生活。学校是为学生一辈子奠定基础的，学生的一辈子当然就包含了事业和生活。基础课程的学习可以帮助学生掌握基本的知识，是针对学生整体而设计的课程，这些课程并不能让大多数学生清楚自己将来可以从事怎样的职业。现在许多学校开始真正为学生的将来做打算，根据学生的兴趣爱好和潜能特点开发出既适合学生又有发展前景的课程。这些课程的开发极大地调动了学生的积极性，也让学生发现了自己的优势，看到了自己的潜能，并且还能促进学生探究和钻研的能力，能够发挥学生的创造力。从觉民教育的角度来看，课程的开发和整合既是“循生道”，又是“正生觉”。因为它遵循了学生发展的规律，尊重了学生个性化的需求，也适应社会的发展，能够让学生在丰富多样的课程学习中培养或发展自己的兴趣爱好，为将来的人生打好基础。同时，因为这些课程是根据学生的兴趣和需求而开设的，学生对这些课程的学习基本上都是基于自己的兴趣和需求，所以在学习的时候能够更加投入，在学习中表现出更大的热情，从而又会促使自己对课程有更深入的认识。

“正生觉”还着眼于学生的人生。学校教育是要让学生成为他自己，希望每个人都能有一个幸福的人生。如何定义幸福呢？简单地说，就是心灵的满足。我们认为达到心灵满足最重要的前提条件是健康的心灵和强健的体魄。“正生觉”的第二个内容就是在学校大力倡导美育和体育。

美育，不单是美术教育，培养学生认识美、爱好美和创造美的能力的教育都是美育，也称审美教育或美感教育。美育要通过各种艺术以及自然界和社会生活中美好的事物来进行。教育最大的功能是使人敏感，这个敏感就包含对美的敏感。如果学生能够感受美，能够欣赏美，就能主动去践行美和创造美。学校美育的途径主要是艺术课程。让学生在美的熏陶中培育出美好的情操，这对学生将来的人生发展起着非常重要的作用。许多教育专家提出这样一个观点：学校教育，除了教授知识，还应该让学生拥有一项一辈子能够受益的艺术才能和一个终身受益的体育特长。

体育，就是在为学生有一个终身受益的强健体魄打基础。所以，觉民教育的“正生觉”要求各学校重视体育课程的设置和开发，充分利用自身的资源，结合本土特点，将传统文化融入课程当中，为学生提供多种形式的体育课程和体育活动，让体育和其他课程一样，成为学校的主要课程，为提高学生的文化素养和强健学生的体魄奠定基础。

综上所述，觉生教育的目的就是培养学生良好的品德和习惯，特别是传统美德；使学生会学习、乐学习，不仅有知识，还有能力，特别是想象力和创造力；使学生成为身心健康、有强健体魄和艺术素养的人。

第五章　践行觉民教育

围绕觉民教育的核心精神“明德、循道、正觉、悟民”，建立了觉民教育两大体系——觉师教育和觉生教育，初步搭建起觉民教育的框架。但是只有内容而无实践，终将是空中楼阁，可看而不可用。一切的理论只有用于实践，才有存在的价值。觉民教育要发挥作用，就得有严密的思路和具体的落实。

如何去实践呢？还得从“觉民”二字着手。“觉”是“感觉、觉悟、领悟、明白”之意，强调教育的唤醒功能、激发功能。就如邓康延所说：“教育最大的功能是使生命敏感。洞彻人心者，人心生光明。”叶芝说：“教育不是注满一桶水，而是点燃一把火。”将学生从“不觉”的状态唤醒，包含着一个从“不觉”到“觉”的过程。那么首先第一步是需要借助别人的力量去“觉”，这个“觉”可能一开始达不到领悟的目的，只能是稍稍有一些认识，有一点感觉；然后是逐步的知晓和懂得，有了模糊或者基本的认识，这是知识和品德形成的阶段；再开始自觉地将自己的领悟在教学和生活中践行，达到“自觉”的状态，由知识转化为技能，由感觉上升到情感；最后通过自己的努力，引导或者影响他人，让他人“觉”。所以，“觉民”是一个这样的过程（如图 5－1 所示）。

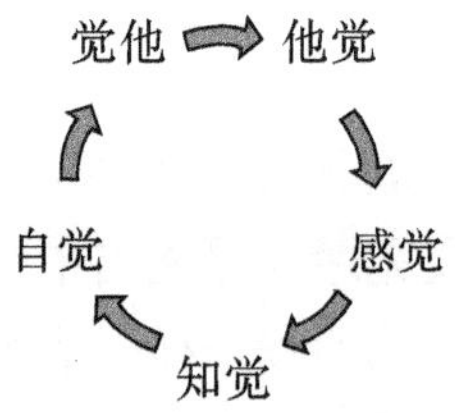

图 5－1　“觉民”的过程

不管是觉师教育还是觉生教育，都是在遵循这样一个过程，明德、循道、正觉、悟民贯穿于整个过程。而这样一个过程的落实，也是需要一定基础的，比如理论的确定、团队的组建、知识和技术的支持等。觉民教育经过半年多的摸索，逐渐总结出这项区域性教育活动从产生到形成的过程。现在从前期准备、觉师教育、觉生教育、追求境界四个大的方面进行梳理。

第一节　觉民教育的前期准备

在确定觉民教育为开发区区域教育活动的名称之后，区教育局领导开始着手为觉民教育的推进做准备。

一、组建专业团队，为觉民教育提供有效指导

觉民教育关乎全区教育的发展，不是一时的头脑发热，也不是不加考虑的草莽行事，是经过了教育局领导深思熟虑，参考了高校专家的意见之后确定下来的教育思路。理念的确定是关键，而能否把理念阐述清楚决定着实践开展效果的好坏。因此，在确定以觉民教育作为开发区教育的理念和新的教育思路之后，教育局组织全区部分名师对觉民教育进行了深入的思考和讨论，确定以“明德、循道、正觉、悟民”为精神核心，围绕这个精神核心部署有关工作。

工作的开展不能单靠某个人或者几个人，必须集中众人的智慧和力量。开发区一直不缺乏在教育理论和实践上都很有研究和成就的人，有的虽然已经退休，但仍然满腔热情要为教育做贡献；有的正当壮年，思想成熟、经验丰富；有的年轻有朝气有干劲。经过反复筛选，区教育局局长亲自出面邀请了全区部分优秀教师、已经退休的老教师组成觉民教育打造团队，为进一步地发展提供了有力的人员支持；还聘请省内外知名教授，不定时开设讲座，更新观念，提升理念。专业团队的多次研讨确定了觉民教育的内容和方式。

二、打造研究基地，为觉民教育提供有效支撑

觉民教育依托的是有400年悠久历史的东海书院。为了充分发挥书院在现代教育中的作用，局领导班子大胆做出决策，按照书院本来的建制，结合觉民教育理念，弘扬传统，立足当代，着眼未来，将书院重新整修；恢复东海书院名称，设为“东海书院研究院”；聘任在传统文化研究上有一定基础和兴趣的教师担任院长和秘书长，就觉民教育展开探讨和研究；重点打造“觉民讲坛”，配备最先进的多媒体设施；力求重现书院自由民主的学术氛

围，为思想的诞生创造条件；设立国学图书馆和国学展示厅，为国学课程的开设提供便利；建立教师发展工作坊和名师工作室，为教师专业发展提供研讨的环境……把东海书院打造成集德育基地、国学基地、教师发展基地等多功能于一体的教育场所，古老的东海书院焕发出勃勃生机。区职业中学原副校长洪彦书为此撰写了《东海书院五次重修碑记》。

东海书院五次重修碑记

洪彦书

东海书院，始建于乾隆十年（1745），乃东海司方载扬率东海三社绅耆创始捐造。迨至乾隆五十七年（1792）巡检刘毓秀联合绅士重修，道光十二年（1832）增舍二十余间，置膏火田为延师之费。院因地处东海岛而得其名，书为民觉东山镇而张其势，庭据东山圩干宫而寓其意。天行健，君子以自强不息；地势坤，君子以厚德载物。

东海书院彼时规模颇具。举人路曲径通幽，神龟石静以制动。荷池津泮，花芳蓉翠；钟楼金竹，音影相晖。前院后殿，廊庑相接；拱门而入，道分龙虎。院中书院塘，波光鳞影；庭前华表矗，岁月沧桑。“文革”遭劫，殿堂诸物归于静寂；辛未（1991）重修，书院旧制尚余一角。悟童重启，稚声嫩语。丁丑之年（1997），再行修护。星移斗转，世易时迁；瓦砖结构，不堪重负。区教育局力迁区二幼于新址，书院文化辟为明道觉民资源。五次重修，弘扬书院文化；八字谨记，传承觉民精神。2014 年，岁在甲午；暮秋之初，重修旧制。修旧如旧，原貌重焕，恢复古风遗韵；纳新常新，坛馆院室，更添未来史笔。尊圣循贤斯道传道，立品明德此民觉民。地灵人杰东海岛，光前裕后书院堂。

特立此碑，以为记。

岁次甲午　乙亥月

2014 年 10 月

三、创设媒体平台，为觉民教育提供有效宣传

觉民教育面向全区，也只有全区学校、全区教师都了解其内涵，知道其内容，觉民教育才能在全区铺开，形成生机勃勃的气象。启动初期，只有几个人了解其内涵和内容，尽管制定了活动方案，召开了校长会议，但也不能保证每所学校的教师都能理解。自媒体时代，许多人通过手机了解资讯，通过网络宣传自己，手机成了最重要的推销工具，觉民教育的宣传和推广不可

忽视手机的作用。受一些微信公众号的启发，在区教育局局长的大力支持下，觉民教育研究小组申请了微信公众号，并于2015年4月21日正式开通，面向全国推送觉民教育相关内容和活动报道。觉民教育微信公众号一方面反复强调觉民教育理念，让教师们对觉民教育由陌生到了解，由被动接受到主动理解和传播，在思想上进行造势；另一方面积极推送各校的活动情况，以一个学校的先觉影响和带动多个学校的“觉”，学校之间也会通过微信公众平台形成良性的竞争和相互的学习。在宣传本土教育的同时，也精心挑选各大媒体和自媒体有关教育的文章，从教育理念、教学方法、教学技能、教育智慧等方面为教师们提供参考和借鉴。

四、开展课题研究，为觉民教育提供理论支持

任何一项活动只有上升到理论的高度，才有长久的生命力和推广的价值。觉民教育有理论基础，基于对教育对人的成长规律、对社会发展趋势的认识以及本土文化内涵的认识，提出新的教育主张。但这只是一个理论基础，是整个觉民教育活动开展的思想引领，许多教育改革活动都得有这样的基础。在实践中，具体到了教育教学的工作，怎么“觉”、可以达到怎样的“悟”，是在活动之后对过程进行总结得出的结论，这个结论如果能够上升为理论，就可以继续指导将来的工作，甚至可以被借鉴，用于别的地区进行另一种教育活动也是可以的。

那么，无论是用理论来指导实践，还是对实践进行总结，都是需要去思考、分析、归纳、总结、提升。在教育局的大力支持下，觉民教育工作小组确定了“以科研带动教育教学，借助课题推进发展”的思路，借助研究来推进活动，借助活动促进研究。无论是书院文化、海洋文化，还是灯塔文化、红色文化，在开发区的教育发展中都有着深远的影响，起到了巨大的作用，如何结合学校教育教学将这些文化的精神发扬下去，都可以成为研究的课题。主题课题研究可以让学校办学方向更明确、办学特色更突出，从而带动学校各方面的发展。为配合研究，教育局特意将东海书院建设成研究基地，设置了各种功能室。目前我们逐步建设的有东海书院文化研究与发展中心、东海书院国学图书馆、湛江国学研读与传播示范点。又利用已有资源，与岭南师范学院合作，申报的课题“以传统书院文化打造开发区觉民教育的理论与实践研究”获得立项。此外，还将联合各地国学爱好者，发起东海学院“觉民讲坛”活动。

五、开发地方课程，打造区域特色文化

无论是东海岛、硇洲岛还是建成区，每个地区都有各自的风土人情、文化传统，一方水土养育一方人，每个地区的人都会带着本土文化的烙印，有些明显，有些不自觉。这些融入当地人血液中的本土文化也是一个人成长的根基，如果可以让它显示出来，是可以滋养人的。所以挖掘地方文化内涵，围绕觉民教育的思想核心，打造本校特色文化，以文化滋养师生也成为觉民教育顺利开展的基础。2013 年和 2014 年，开发区趁着湛江市创建文化特色校园活动开展之际，纷纷挖掘本校文化内涵，创建文化特色，就为觉民教育的开展打下了良好的基础。而作为教育管理部门，则趁热打铁、因地制宜，根据地域特色，编写了东海书院教材。如已经编写的《觉民》《斯道觉民》，面向全区，传播和弘扬“觉民”思想。此外，在各学校增开书院教育系列课程、公民教育系列课程、国学教育系列课程，各学校根据自己的特点，遵照教育的规律，相应开发出课程，编写出适合的校本教材。

第二节　觉 师 教 育

觉师教育与觉生教育是支撑起觉民教育的两大内容，觉师教育的目的在于“觉生”，而“觉生”的前提是“觉师”。“觉”有一个过程，通过他人使自己感觉，由感觉到认识，就是知觉，再自觉，自己去践行，在践行过程中又使他人觉，所以是“他觉—感觉—知觉—自觉—觉他”。这个“觉”的过程主要通过一系列的活动完成，所以，觉师教育的落实途径主要包括觉师培训和觉师活动。

觉师培训的目的在于通过各种形式的培训使教师理念提升、专业提升、文化素养提升和综合素质提升。

一、理念提升

这一点主要是为了落实觉民教育中“明师德”“循师道”和“正师觉”对学校领导和教师提出要求的部分。为了让领导和教师们在教育教学的理念上有所提升，区教育局主要采取了以下几种培训方式。

1. 借力高校，联合办班

基础教育重在实践，无论是学校的领导还是名师，很多都是在教育教学

实践中积累了经验，但在理论研究上还是有所欠缺；而高校的专家教授常年钻研专业，在理论上容易精深。区教育局深刻认识到要想提升学校领导的管理水平和教师的专业能力，就得在理论上进行培训，所以利用已有的资源，积极联系岭南师范学院、华南师范大学、北京师范大学，与高校合作，以办班、建立工作坊、建立共同体等方式，借高校之力，助教师成长。2011 年，区教育局开始与岭南师范学院建立英语合作共同体，在这个基础上，于 2015 年将东海书院设立为岭南师范学院外国语学院研究基地，专门针对开发区英语教师专业能力、理论水平都较为薄弱的情况进行合作。2013 年，开始与华南师范大学公共管理学院合作，开设教育管理研究生课程班，招收全区中小学领导教师 48 人为学员，既提升教师学历，又为全区领导和教师的理论提升提供便利。经过长时间协商、多方面努力，2015 年 11 月，区教育局又与北京大学教育管理学院合作开设教育治理现代化研修班，全区 30 名校长、名师、管理人员参加学习。与高校的合作大大提升了领导和教师的理论水平，大家在教育教学理念上有了很大的改变，为觉民教育的开展奠定了坚实的基础。

2. **觉民讲坛，名家赐教**

东海书院整修之后，教育局专门布置了一个教室作为“觉民讲坛”，配置好最先进的多媒体电脑设备，购买与书院风格一致的古典桌椅，装饰上书画，营造传统书院的学术氛围。同时邀请在教育教学方面有所专长的教授、专家为中小学校领导和骨干教师授课，从教育与文化的角度为学校的管理者提供先进的教育理念；帮助学校管理者和骨干教师了解国内外最新的教育动态，把握教育的大方向，提升对教育的认识。教育管理、领导的艺术、教育改革、学校文化建设等专题就是为学校领导和骨干教师培训的首选内容，具体来说，“基于文化原点的文化教学”“媒体素养”等都是最为前沿的教育教学思想，能够开阔校长们的视野，为学校管理提供借鉴。书院已经邀请了来自北京大学、北京师范大学、佛山教育学会、岭南师范学院等 10 位专家学者来讲课。觉民教育在学校的推行首先是靠校长，所以在觉师培训上，最先培训的对象就是校长。在这一点上，东简中学的庄中木副校长撰文发表了自己的看法。

提高“觉民教育”执行力，当好“觉民课堂”推手

开发区东简中学　庄中木

2014 年 12 月，我区教育局结合当前教育综合改革形势，特别是习近平总书记对教育提出的要求以及对传统文化的重视，结合我区区域文化特点，

以《创建“觉民教育”模式，打造开发区教育核心价值观》为指导，引导教师深入学习“明德、循道、正觉、悟民”的深刻含义，将其贯彻于教育教学工作的各个方面，形成良好的觉民教育浓烈氛围。通过开展“觉民课堂”实践活动，全区各学校呈现出“文化突出、风格独特”的文化环境，“师德高尚、敬业爱岗”的教师形象，“开拓进取、创新笃学”的优良学风，“开发、开拓、开放”的课堂状态。

作为一种全新的教育理念和教学模式，觉民教育、觉民课堂在推行过程中也没有现成的适合所有学校和教师的路子可走，都是摸着石头过河，先行先试，且行且改。改革就是改错，于“觉民课堂”而言，就是改掉旧教学模式弊端的束缚，按照觉民教育的育人理念给课堂赋予新的生命。这个过程中，必然存在各种问题，遇到各种阻力。问题的关键在于，校长特别是主管教学的副校长应在觉民教育、觉民课堂推进过程中扮演什么样的角色？

我认为，校长是学校改革发展的第一责任人，更是教育转型、课堂改革的旗手，要发扬旗手的责任意识，以攻坚克难的勇气承担起新一轮课改的责任；要身体力行宣传觉民教育，率先垂范实践觉民课堂，以强大的执行力推进觉民教育，做觉民课堂的有力推手。

一、要做觉民教育理念的先知者

觉民教育、觉民课堂，我们从理念的提出到理念的探索再到理念的实践，做了很大的努力，付出了极大的辛劳，也收获了快乐。邱黎明局长指出，觉民教育的核心在“道”和“悟”。它辐射于学校教育中的德、智、体、美、劳各方面，要求学校的教育教学要引导学生明德、循道、正觉、悟民。“觉民课堂”的核心理念是开发、开拓、开放。有了这个理念和思想，课改就有了方向。苏霍姆林斯基认为：“校长作为学校的领导，首先应该是教育思想的领导。”作为一名校长，必须全面而深刻地认识觉民教育的核心理念，了解觉民课堂课改的背景、目的和意义。

二、当好觉民课堂的引领者，走实觉师教育的每一步

一盘好棋，必是有一个好的棋局、好的棋路和善于行走的棋子。我们在实践中深深感到，主管一方教育的领导团队是觉民教育棋局发力的“核心力”。这个团队不仅依靠行政领导，更要善于运用价值领导布局发力，立足区情，准确把握当今教育的主旋律，本着尽力而行、量力而行的原则，对本区域教育改革发展进行科学谋划，描绘愿景，明确目标，以胆识、智慧和策略对本区域的教育善于发掘、分类指导、整体推进，有一种敢于有所为有所不为的领导力和善于破解教育难题的创新力。

首先，校长要做好觉民教育的布局谋划和进程把控。常言道：“先有思路，后有出路，没有思路，就没有出路。”应加强觉民课堂的宏观调控和策略指导，做好觉民课堂各个节点的推进、转换和衔接，提高课改组织水平和管理技巧。

其次，校长要引导教师明白当前专业发展的方向，引领教师专业成长。觉民教育是指引我区基础教育走出困境、走上快车道、实现跨越式发展的必由之路，也是广大教师提高专业素养、施展才华抱负的渠道，更是促进个人专业成长、实现职业跨越发展的机遇。要让教师明白，觉民课堂已与学生的幸福、学校的发展、自身的成长紧密联系在一起。要以觉民课堂为抓手，加大教师校本研修力度，加强教师能力拓展培训，加快骨干力量培养，强化校际教师交流，为教师专业成长搭建平台。让觉民教育融入教师专业血脉，成为教师职业发展的催化剂。

三、当好觉民课堂的护航者，走好觉生教育的每一步

觉民教育的出发点和落脚点都是学生，觉民课堂是学生成长的主战场，是实现觉师教育、觉生教育的重要舞台。觉民课堂需要强有力的制度与文化来保障和推动，提高内部效率。觉民课堂的成败关键在于能否建立相关配套工作制度，最终形成觉民教育文化。制度是表，核心是实施绩效管理，要着重在指标量化上下大功夫，着力将繁杂的工作凝练为简洁直观的具体指标，列出科学的绩效指标清单，提炼出关键业绩指标，并明确工作标准和完成时限，确定指标考评的分值设计，从质量、数量、时限、进度、效果等不同角度细化责任，按照多元化、多角度的要求全方位考评业绩。文化是根，核心是建立长效机制，构建觉民课堂教学文化，形成觉民课堂执行力文化，提高觉民课堂的执行力。

四、要做觉民教育成功实践的坚信者

校长的信心对推进觉民教育、实施觉民课堂起到关键作用。但是，受传统观念的影响，教师对新课改缺乏信心，不重视觉民教育，不看好觉民课堂。在教育内部，教育转型是一个由若干个教育改革组合而成的较长时期的过程，期望通过一两个“战役”就完成是不现实的。同时，教育转型不是一种全盘否定、完全颠覆的过程，而是呈现出继承性、综合性等特征。所以，我们必须正确认识教育转型的长期性、复杂性、反复性，认识新事物成长是螺旋式上升的过程，坚信新事物成长的坚强生命力，在建立区域教育文化体系过程中要有信心、有决心、有恒心、有耐心，杜绝短期行为和功利主义。在实施过程中，校长还要主动收集觉民课堂的阶段性成果，用事实说话，让

实践去检验真理。因此，校长要以自己坚定的信念去影响和引导全体教师，做教师实施觉民教育、实践觉民课堂的坚强后盾。

总而言之，校长决不能做觉民教育的甩手掌柜，要不断提高实施觉民教育的执行力，努力当好觉民课堂的大力士推手，有效组织觉师教育活动，引领教师向觉民课堂既定目标进发。觉民课堂的前景将越走越光明，觉生教育一定能取得丰硕的成果。

3. 基本理念，全员学习

要推行觉民教育，就得先让觉民教育的理念深入人心，在教师明白觉民教育是怎么一回事的基础上，再开展一系列的活动就容易一些。另外，在对教育、教学和教师这份职业的认识上有相当多的教师还是比较粗浅甚至懵懂的，而觉民教育的推进也一定要建立在对基本教育理念的认知和对职业认同的基础之上。因此，在东海书院研究院的努力下，由觉民教育工作小组的主要成员制订出计划，在东海书院觉民讲坛和各学校开设觉民教育讲座，对教师进行觉民教育的内涵和内容以及教师职业认知、师德认知等的培训。

对教师职业认知、师德认知的培训是“明师德”的途径之一。觉民小学的谢安全老师在参加觉师培训之后写了一篇感想，他在文中写道：“‘为人师表’是我们的天职。教师的一言一行、一举一动影响着的不只是一群孩子，可能是几代人！如今，教师队伍中一些败类在抹黑着教师形象：责任心不强，得过且过的有之；欺诈威逼学生有偿补课的有之；暗示收礼特殊照顾的有之；引诱玩弄甚至强暴学生的也有之！……这些与我们教师职业格格不入的行为正昭示着教师这一职业不再那么神圣，甚至被世人嗤之以鼻。此刻我们还能以当教师为荣吗？在我们党反腐倡廉、八项规定的大好形势下，我们务必从教师队伍的建设着手，打造一支思德高尚、敬业爱岗的教师队伍乃当务之急。”

“明师德”一方面由学校制订计划，开展师德教育月、师德教育周活动，树立师德典型，增强师德意识；另一方面通过教育局组织专家下到学校巡讲，对觉民教育进行宣传和开设教师职业道德方面的讲座。自 2015 年 1 月以来，已经开设了 22 场讲座。活动开展之后，教师对师德的认识有了显著的提高，也为觉民教育中的觉师培训提供了更多的思路。

扬师德师风之帆　铸觉民教育之魂

开发区第二小学　黄秀华

2014 年 5 月始，习近平总书记对继承发扬中华优秀传统文化相继发表了一系列重要讲话，不仅反映了中央对文化建设的高度重视，而且彰显了其以文化复兴助推民族复兴的坚定决心。如今，举国上下教育界都在响应这一号召。开发区教育局顺应时代的潮流，因地制宜地复兴了“觉民文化”。我有幸参加了开发区教育局举行的第一期觉师培训班。聆听了邱黎明局长“创建‘觉民教育’模式，打造开发区教育核心价值观”的讲话和五位专家的讲座后，我茅塞顿开，对觉民教育的理解从最初的懵懵懂懂到后来的逐渐清晰，直至如今的略有所悟。

觉民教育的核心在“道”和“悟”。它要求学校的教育教学要引导学生明德、循道、正觉、悟民。“先知觉后知，先觉觉后觉。”如果没有先知先觉的教师，如何去引导后知后觉的学生呢？因此，教师要弘扬觉民文化，推动立德树人，就必须先提高个人的职业素养。而要提高教师职业素养，加强师德师风建设是首要条件。借此，我谈三点个人的浅见。

一、思想认识到位是前提

对事物的认识，是我们了解、把握、运用事物的基础，没有对事物深刻而周全的认识，所有的一切都无从谈起。提高教师职业素养也是如此，没有对教师职业素养全面而深入的认识，谈提高教师职业素养只不过是空头话而已。

“经师易求，人师难得”“学高为师，身正为范”“做人第一，学问第二”，如是种种是对为师者的冀望和要求。师德是教师的灵魂，具有极高的教学水平并不能使教育者成为一名优异的教育工作者。一名优异的教育工作者除了具有相当高的教学水平外，还应该具有良好的师德师风，而良好的师德师风是教师具有高职业素养的核心。因而在实际的工作中，要动员广大教师明白什么是师德师风，提高教师对师德师风教育活动必要性、紧迫性、重要性的认识，利用各种各样的手段来强化对师德师风的认识，为师德师风确立正确的舆论导向。定期开展师德师风培训、组织师德师风讨论等都是提高思想认识的好途径。

觉师培训班的开展就是推动觉民教育的第一步，这也是我区加强师德师风建设的首要途径。通过培训，使教师对师德师风的感性认识升华到理性认识，把所认识到的师德师风知识内化为自身素质进而转化为教师高尚人格的实现。特别是对于正处于专业发展高原区的学校行政领导，更是如沐春风，猛然醒悟，使之重燃工作激情。

二、建立考评制度是手段

师德师风不仅是教师个人问题，也是教师群体问题，建立制度化、规范化是加强师德师风建设的极为重要的手段。使这个群体的师德师风有个可评比的标准，制度就显得尤为重要。对于基层制度，我认为可以这样做：①建立师德师风档案，使每一位教师的师德师风有不同等级的书面材料。②建立师德师风的学习体系，定期培训、定期考核教育工作者的师德师风水平。③实行师德师风奖惩制，调动每一位教师的积极性。

三、付诸实际行动是关键

奥格·曼狄诺曾说："一切的一切毫无意义——除非我们付诸行动。"师德师风的提高实际上是个知情意行的过程，行动的落实尤为重要。一个教师的师德师风水平的提高不可能一蹴而就，只有不断地把思想认识落实到行动中，才可以从真正意义上提高师德师风水准。为此，每位教师应做到以下几点：①要注重在学习中做到内省。不断地进行自我反省是纠正错误行为和激励下次正确行为的最好方法，正如俗话所说："有则改之，无则加勉。"②敢于在教育实践中锻炼自己。每一位教师的师德师风的加强都不能离开实际上的教育实践和教育观念的革新。唯有不断地进行自我改造才可能提高师德师风水平。我国著名的教育家蔡元培先生曾经指出："道德不是记熟几句格言就了事的，要重在实行。"③虚心向优秀者学习。苏联教育家加里宁说："教师一方面要献出自己的东西，另一方面又要像海绵一样从人民中、生活中吸收一切优良的东西，然后再把这些优良的东西献给学生。"正如我国古代教育家孔子所说的："三人行，必有我师焉。"④为自己定下一个目标。师德师风的提高是一个循序渐进的过程，不可能一蹴而就，要从自身实际出发，分阶段地定下切实可行的具体目标，坚持不懈，日积月累才能取得成效，才会迈入更高的层次。

要真正成为有道德的人，就必须将自己所从事的职业作为一种事业，终身追求，无怨无悔；教师只有明确自己作为人类文明传递者和灵魂塑造者所担负的使命，并将这种外在的职业要求经主体体验认同逐渐内化为自身素质，产生行动。

路漫漫其修远兮，吾将上下而求索。我们思想上有了深刻而周全的认识，行为上有了规章制度的准绳，只要一齐行动起来，好学勤思，诲人不倦，不断追求，打造一支良好师德、较高专业素养的开发区教师队伍便指日可待了。从而，觉民教育思想也就日渐形成，开发区教育核心价值观便可得到具体体现。

4. 以赛促训，提升认识

觉民课堂有怎样的要求，应该如何开展，体现了怎样的教学理念？如果教师对这些问题不太熟悉，就没有办法顺利开展觉民课堂活动。所以，为了提升教师的教学理念，同时也为了促进教学能力和水平的提高，推动教师专业成长，教育局采取“以赛促训”的方式，分别于2015年5月和10月开展了校长赛课、中层赛课，以促进教师对觉民课堂理念的理解。校长们既是觉民课堂的主帅，也是将领，更是冲在最前方的勇士。在为期5天的校长赛课活动中，校长们的表现可圈可点，可歌可诵，给开发区的教师带来感动与震撼，为觉民教育增添了新的风采。而这次赛课给校长们带来的感受也是很深刻的。

高中组特等奖获得者李家勇副校长在总结大会上说：“本次教育局组织的校长赛课活动，让我们体验了一次挑战，同时也让我深刻地反思自己的角色定位。无论行政工作如何繁杂，课堂教学始终应该是我关注的中心工作。如果校长不去关注课堂、研究课堂，就不可能对课堂教学有深刻的见解，也就不可能对教师的专业成长起到真正的引领作用。今后我们将以此为契机，深入课堂、聚焦课堂、服务课堂，进一步提升教学管理能力。日本一位教育家佐藤学认为：‘要改变一所学校，必须从改变教学开始，要改变教学又必须通过校本教研提高每一位老师的教学水平。’校本教研的关键所在就是让每一位教师打开自己的教室，开放自己的教学。这是关键也是难点。在这一个问题上，校长参与赛课，欢迎每一位教师走进自己的课堂，其榜样作用是巨大的。……本次校长赛课活动我发现教师的参与度很高，说明了只要校长带头搞教研，一定能激发和引领更多的教师走上教研的道路！”

他总结本次赛课的意义，说：“其实，校长赛课真正的意义不在于校长这节课的好坏，而在于从研课、磨课、展课这一过程所彰显出来的价值。首先，对校长个体来讲，通过赛课，能够进一步培养校长关注课堂、走进课堂、研究课堂的意识，提升校长的管理水平，掌握教学管理的主动权，使办学理念有效地落实到具体的教育教学中去。因此，校长赛课是教育回归本位的有效举措，同时也是一次使校长赢得教职工信服的机会。其次，对学校来讲，校长赛课，使校长首先要打开自己教室的大门，这对全体教师是一种最有效的引领，它既有利于教研浓厚氛围的培育，更可以触动学校中层和教师对课堂的关注与研究。再者，本次赛课也让我们加深了对‘觉民教育’的理解，在课堂教学中坚持对学生的启发与引导，坚持学生的主体地位，创造更多的机会让学生主动学习、积极求知，正符合觉民教育中提倡的‘唤醒’教育的精神。今后我会积极带领教师们继续在教学中贯彻觉民教育的精神与做法。”

初中组特等奖获得者李节校长很有感触地说：“校长必须当好课程教学

的引领者和指导者，而不仅仅止于自己能教善教。领导课程教学能力是校长最重要的能力，它要求校长按照国家要求，科学实施课程并加以专业领导，确保学校教育教学这一中心目标的实现。我们当校长的，平时要求教师多，组织学校开展教学活动多，具体到自己，往往会被学校烦琐的杂事淹没，很难静下心来备一堂好课。……静下心方能备好课，静下心方可办好学校。我很佩服那些集六项专业能力于一身的同行，他们把对学校的价值领导、教学领导和组织领导都做得很好，可称得上是教育家办学，实在值得我们学习。”

她结合学校开展的课题“‘三节十段’小学高效课堂教学模式的研究”，讲述自己在参赛期间对觉民课堂的理解，说：“我们都知道，课改应首先是理念的转变，然后才是方式的改变。事实上，通过每堂课的实践，我们不难发现，学生只要得到教师有效的引导，就会和我们共同演绎精彩纷呈的课堂。而当教学有一道过不去的坎的时候，多花时间研究，研究学情、研究教材、研究教法，再去进行教学实践，这会比我们埋头苦教有效得多，苦干要加巧干才会收到更好的效果。”

小学组特等奖获得者黎德群校长在总结会上也发表了自己的看法。他说，校长要当好觉民课堂的先行者，校长要成为觉民课堂的实践者，校长要成为觉民课堂的引导者。作为校长，他以身作则，带头学习觉民教育理论，用觉民教育理念武装自己的思想，并提高学校课程领导班子的课改思想认识。他和学校课改领导团队在专家和名师的引领指导下，结合本校课改实践开展校本研究，变革教学方式，初建了符合新课程的教学模式——觉民课堂“三步四环分享式”教学模式。在具体教学中，分享式教学就是从问题出发，让学生思考，并展示、交流、分享自己想法的一种教学方法。其目的是分享众人的智慧，达到共同成长，最终促进人的可持续发展……体现觉民教育内涵。他认为：“校长只有站在教学第一线，深入到课堂，深入到教师和学生中去，坚持上课、听课、评课，掌握教改的主动权，才能成为推动课堂教学改革的忠实实践者。”

觉民课堂教学竞赛，激发了教师的研课热情，也必将带动全区中小学教师掀起一次新的研课、练课高潮，对当前大力提升教育教学质量产生深远的影响。

二、专业提升

这是“循师道”的一个重要途径。觉民小学的谢安全老师说：“我们原有的知识已经远远无法满足时代的要求，更何况一些本身起点不高，却又安于现状，日复一日、年复一年地在照本宣科，不敢越雷池半步的教师，谈何课程改革，谈何适应时代的要求？显然，‘教到老，学到老’这种提法将是永恒的主题。难能可贵的是我们开发区很多学校领导对‘教师的再学习’已经开始重视，如不惜重金委派教师外出充电，聘请专家全程指导、讲座，校园内设置‘教师书吧’等。我们只有不断地充实自己，保持一个清醒的头脑，方能不为时代所抛弃。我简直不敢想象一个不懂装懂、知识浅薄的教师在课堂上胡拉乱扯、胡言乱语是一件多么可怕的事情！”

教师的专业成长一方面依靠学校的培养机制，依靠师徒结对、学科研讨、校际交流等方式；另一方面由局里统一规划，分层进行学科培训、发挥名师作用成立名师工作室。

1. 师徒结对，以老带新

每所学校都会有经验丰富的教师和刚入职或入职不久的教师，让经验丰富的教师带年轻教师，会避免年轻教师走弯路。因此，教育局一直要求各学校开展传帮带的工作。特别是觉民教育启动之后，借助觉民教育中“以先知觉后知，以先觉觉后觉”的理念，再次强调“觉后”的重要性。学校内部开展结对子活动，对子一般是同年级同学科，也可以跨年级，确定了结对子的名单，然后制订出结对子的计划，每个学期学校要对结对子的师徒进行效果验收。结对子可以让年轻教师在教学的路上走得更顺，成长更快。

2. 分科培训，骨干先行

传帮带的活动是属于学校层面的“觉师培训”，负责传帮带的“师傅”也需要学习，这种学习是让自己在学科专业上能够精深，能够更好地带其他人进行专业的学习。教育局充分利用“觉民讲坛”，让教研室教研员组织本学科骨干教师集中于东海书院，聆听省内外著名的学科名师讲课，接受最新的教学理念，开阔视野，增长见识。已有小学数学、小学科学、小学语文、中学英语、中学语文等多个学科开展了活动，在活动中，不管是本区教师的经验交流，还是外请名师的学科拓展讲座，都能带给教师许多收获。

且教且读，诲人不倦

——参加开发区觉民教育教师培训第三期小记

开发区觉民中学　罗仕红

在小叶榕葱茏的四月，在春夏之交的日子里，伴随着明媚的阳光，踏着习习凉风，我们走进了觉民小学的老校址——觉民书院。在这古朴的学堂中，我们享受了一桌经典的文化盛宴。

带给我们丰盛的文化大餐的是华师大附属中学教学处主任邱嘉峪，他是本次给我们培训的主讲。邱老师的文化功底非常深厚，信手拈来，就可以把古典国学演绎得惟妙惟肖，《易经》《佛经》《大学》等，看似深奥无比的国学，在他的讲述中却成为我们身边可触可感的生活。特别难得的是，他把国学与我们的教育结合起来，这种对口的培训实为难得。品味着邱老师举手投足间的文化味，我突然有一个想法："做他的学生应该是很幸福的吧！"但如今，我亦已为人师，我的学生会有这样的幸福感吗？我不禁深思。

"昨夜江边春水生，艨艟巨舰一毛轻；向来枉费推移力，此日中流自在行！"这是邱老师引用的朱熹的《泛舟》，我想邱老师能"自在行"，应该也是来自他明白"春水生"的道理。"大学之道，在明明德，在亲民，在止于至善。"在邱老师看来，是在教育线上"明明德，求至善，诚意正身，从而化他以亲民"。换句话就是说，且教且读，方可诲人不倦。

笔者做了将近十年的教师，竟发现曾经初登讲台时的美丽梦想似乎在渐渐地凋零。在高考这根大棒的指挥下，似乎忘记了生生不息的经典文化，而习惯了在题海中机械地摸爬滚打。"诲人不倦"便成了一句空话，而学生，也就无幸福可言了。若是没有邱老师的点醒，或许就变成"毁人不倦"了。

"学而不厌，诲人不倦"，"亲其师，乐其道"，当学生能孜孜不倦地神往于我们广博的学识和精美的文笔，满心期待我们的语文课时，我们还会觉得疲倦吗？泱泱大国五千年的文化史，如能将其了然于胸，让文气贯穿于自己的教书育人之途，那我们的"内功"可谓修炼足矣。诗书满腹，才有可能愉悦地驰骋于教学中，驾轻就熟，将课文当作语文知识的矿藏，将经典化作语文课堂的智慧，自如地引导学生，于是乎，"诲人不倦"。

且教且读，是文化品质的自我提升。

书是人类的文化积淀，广泛的阅读可以给我们创造一个广阔的精神空间。读书是"思接千载、视通万里"的精神漫游，是继承和发扬优秀时代精神的有效途径。我们要努力保持着因阅读而不断被激起的那份冲动、想象、思考和希望，使自己的精神世界经常涌动着无穷的活力。特别值得提出的是，我们读书应不拘泥于教学参考资料、习题集，应自觉博览群书，无论科普读物还是人文图书都应纳入视野，读教育名著、唐诗宋词、世界名著、学术精品等，特别是要进行高层次的经典之读，古今中外的经典之作无不具有独特的气质精神，蕴藏着深刻的文化内涵。我们"与经典同行，与圣贤为友"，从而获得强大的精神力量，启迪和发展心智，从而培养审美情趣、陶冶情操，提高我们自身的文化品质。

且教且读，是学高为师的不二选择。

“师者，所以传道授业解惑也。”这也是对“为什么学高方为师”做了最好的解释。俗话说得好：“教师要给学生一杯水，自己就得有一桶水。”会学习，是语文教师的基本素养。中学语文教师不应该只知道语文姓“语”，仅仅关注语言文字，更应该知道语文更重要的是“文学、文化”，要不断地去强化自己的“内功”。使自己的“内功”“如木之有根，如灯之有膏，如鱼之有水，如农夫之有田，如商贾之有财”，才会在教学中得心应手，驾轻就熟。中华五千年文明源远流长，中国经典的文化犹如一座取之不尽的宝藏，积淀着智慧结晶，映射着理性光辉。而那些流传了几千年的言论著作、诗词曲赋，更如灿烂的星辰，在历史的长河中熠熠生辉。另外，面对“生有涯，而知无涯”的知识社会，面对当今时代的发展、社会的进步、科技的飞跃，我们不读无以为师矣。

“学然后知不足，教然后知困，知不足然后能自反，知困然后能自强”，切实提高自己，更新知识，语文教学才能“诲人不倦”。

3. 设工作室，名师引领

这是“循师道”的另外一条重要途径。按照邱黎明局长在2010年提出的“316”人才培养计划，5年内培养出3名教育专家、10名名师、60名骨干教师，教育专家引领名师的成长，名师带动骨干教师的成长，骨干教师影响普通教师的成长，最终形成一支技术过硬、教学能力强的教师队伍。觉民教育启动之后，延续教育局自2010年开启的名师工程，由区内经验丰富的名师带领年轻教师开展师徒帮扶活动，促进年轻教师的成长。2015年3月，开发区王百昌、江海燕、刘永红、杨伟民、陈茹静、林爱珠、王联红、易平芝等8位名师被聘为湛江市名师工作室主持人，梁春梅、李海燕被聘为湛江市名班主任工作室主持人，在各县区中名列第一。教育局隆重为每位主持人举行了揭牌仪式，并且召开了主持人、名师弟子座谈会，勉励各工作室的主持人做好示范、引领和辐射的工作，把形成个人风格和培养青年教师当作自己的使命；同时也鼓励各工作室主持人的弟子跟着名师学习，不仅学习专业知识，还要在个人人格修养上向名师靠近。名师工作室秉承一贯的活动作风，在“觉民教育”的引领下，开展了丰富多彩而又影响深远的活动，活动不仅促进教师的交流和成长，还为主持人以及弟子所在学校带来了一定的影响。

在交流中促进相互成长

——江海燕名师工作室安铺中学活动简报

李家峰

2015年9月16日，在江海燕老师的带领下，江海燕名师工作室的8位成员一起走进廉江的安铺中学，开展语文教学研讨活动。

活动的开展得到安铺中学的热情接待。当天下午，赖鑫校长介绍了该中学的光辉历史，以及学校今年刚开展的翻转课堂尝试和存在的一些问题。赖校长希望通过多种形式的教改活动，让教师认识到教改的重要性，让全校师生动起来，从而推动该学校教学工作上一个层次。周革主任带领我们参观了一个古木文化馆，在那里我们见到了已经炭化的万年前的木头，还有各种古老的民间生活用品。周革主任介绍说，安铺是一个有着非常丰富的地方文化的地方，现在学校的语文教学就在有意识地挖掘安铺文化的内涵，开展文化教学活动。

当晚，江海燕老师在安铺中学举行了一场精彩的《生活与语文》的讲座，江老师从四个方面进行了阐述：第一，语文课教会了学生什么？第二，语文学习与生活不可分离。第三，我的生活语文实践。第四，让“生”在语文课中“活”起来。江老师结合自己在教学中的实践工作，以她丰富的一线经验来解读生活与语文的关系、教师该如何在高中阶段把语文作为一个整体来开展相关的语文教学活动。江老师以丰富的图文形式进行了生动的讲述，用丰富的事例阐述怎样开展相关的语文活动，这些图景与讲述，给听讲座的老师以极大的启发：原来语文课可以这样上，语文课也可以上得丰富多彩。讲座结束后，在座的教师进行了多样的语文探讨：对于一些农村乡镇中学，该怎样进行语文教学；语文教师作为一个带头人，应该用怎样的方式推动学生去学习语文；学生应有怎样的心态去学习语文；在高中阶段该如何提升学生的语文素养与语文成绩……

第二天，工作室的成员黄桂英老师上了一节公开课——“布衣总统”孙中山。该校的老师以及工作室的老师认真听取黄老师精彩的教学。黄老师以她富有亲和力的语言，多样的教学情态，富有条理的教学层次与步骤，显示出其丰富的教学经验，黄老师的课堂，让学生学得轻松、学得愉快，黄老师的课赢得了学生与听课老师的一致好评。

课后，大家对该课进行了热烈的讨论，工作室的成员从不同的角度肯定了黄老师上课的成功之处以及一些不足的地方。梁雅淇和韩丽春两位老师认为黄老师这节课整体设计得很有条理，能够抓住重点，复述环节规范了学生的答题格式，引导得很好。符少向老师觉得黄老师声音动听，读思结合得很好。吴连助老师认为黄老师备课设计很用心，张弛有度，建议从学生角度让学生结合自己的生活体验去发现课文中表现真实性的内容，还提出可以进一步去挖掘语言，让思维向深度和广度拓展。李家峰老师认为教学步骤很好。陈红慧老师觉得师生互动做得不错，老师的表情和语言都显得很亲切。江海燕老师最后进行了总结，充分肯定了黄老师的用心和认真的态度，赞赏她热爱读书和学习的品质，对这节课从重点确定到细节处理上提出了建议，并且鼓励黄老师将这节课的备课、上课和评课过程做一下整理，写成一篇论文。黄老师也说起了自己刚刚带领的那届毕业班的成绩。在这样的乡镇中学，正是由于黄老师热爱语文，勇于挑起语文改革的重任，敢于开辟自己的语文改革之路，在高考中，语文才会取得这样的好成绩，黄老师的课堂与教学的做法，让大家对其留下了很深的印象。

随后，工作室的成员在安铺中学的校长及其他领导的带领下，一起参观了该校正在进行的初一课改活动。尽管该校初一的课改活动刚刚开展，但也显得有模有样、有声有色。学校追求课改活动的信心与动力，学校领导的大力支持，让我们大为感动，感觉这个学校充满生机与活力。工作室的成员也从中感受到中学课改活动给自己的压力，也希望自己的教学活动能够进行相应的改变，能够参与到这一轮大环境下的课改大潮中来。

江海燕名师工作室开展的这次活动，给工作室成员以极大的信心与动力，希望富有朝气的成员以这次活动为契机，在江老师的带领下，相互学习、相互促进、相互成长，为学校的语文教学改革贡献自己的一分力量。

联合研讨　分享智慧

——觉师培训之“区林文智名校长工作室和市梁春梅名班主任工作室”联合研讨活动

黄桂珍

金秋十月，是一个浪漫的季节，也是一个收获的季节。2015 年 10 月 30 日下午，在开发区一小电教室隆重举行了“区林文智名校长”和“市梁春梅名班主任工作室”联合研讨活动，活动内容丰富，气氛热烈，让人受益匪浅。

本次活动由梁春梅主任主持，出席的领导有湛江市进修学校领导黄红旭老师、开发区教育局教研室杨超主任、开发区教育局人事科翟建华老师、区一小的林文智校长，前来指导的嘉宾有多位湛江市名班主任工作室主持人及他们的团队，参加会议的成员有 2014 年湛江市名班主任培养对象 13 位学员、林文智名校长工作室的全体成员、梁春梅名班主任工作室的全体成员。在研讨活动开展之前，梁春梅主任先带领大家参观她工作室的建设情况，观看工作室成员的档案资料、学习成果等。

本次研讨活动开始后，分三个板块进行：第一板块是林文智校长做“如何开展小课题研究”专题讲座；第二板块是梁春梅主任工作室读书沙龙；第三板块是湛江进修学校领导黄红旭老师发言。

林文智校长的专题讲座主要讲了三个方面的内容：第一，什么是小课题研究？第二，为什么要做小课题研究？第三，教师怎样做小课题研究？林校长的专题讲座十分精彩，见解独到，深入浅出，让我们明白小课题研究的概念、特点、原因和方法，认识了课题研究对于教师专业发展的重要性，解决了一直缠绕在教师们心中的困惑，特别切合我们一线教师的教学实际，让大家受益良多。

无疑，教师需要具备良好的专业素质，读书完善我们的专业结构，生成我们的专业智慧，构建我们的专业精神；读书让人有博爱之心而无邪恶之气，有深沉之思而无浮躁之为；读书给我们的人生以智慧的启迪。梁春梅工作室成员的读书沙龙活动，让大家在书海中徜徉。

周红珠主任分享的《父母课堂》告诉我们：父母是孩子的第一任老师，积极争取家校合作共同教育孩子，是班主任做好工作的良好基础。梁颖老师分享的《教师笑着教书》，告诉大家在教书中应有五个度：进度、温度、态度、广度、深度。笑是一种心态、过程、结果、策略、反应、追求，更是教师成功的名片。钟丽老师分享的《做最好的班主任》告诉我们：做最好的班主任就要具备六种班主任专业素质——有童心、爱心、责任心，是专家、思想家和心理专家。梁彩娇老师分享的《班主任班级细节管理》，从推荐理由、内容框架、感悟等方面进行赏析。的确，从细节管理能窥见班主任工作的大智慧。叶少权老师分享的《班主任怎样应对班级突发事件》，从内容简介到精彩案例，诉说自己的所读所思，告诉我们这种应对能力是一门技巧，更是一门艺术。豆湛海老师分享的《第五十六间教室》，让我们走进作者，了解内容，领略雷夫教育的五大奇迹。教育无捷径，能坚持就能创造奇迹。黄桂珍老师分享的《把班级还给学生》，让我们懂得了“无为而治”就是要把各种权利还给学生，让学生进行自我服务、自我监督、自我管理、自我教育，让班级充满成长的气息，这是一个睿智的班主任的最佳选择。

湛江市名班主任工作室主持人黄晓春老师充分肯定了此次活动策划得很成功、很完美，高度赞赏了梁春梅主任丰富的学识、创新的精神和高尚的人格，并对我们班主任工作寄予厚望："你们要做幸福的班主任，做智慧的班主任。"

最后，梁春梅主任声情并茂地对本次联合研讨活动内容进行梳理和总结，她还动情地对今后的工作目标进行展望：工作室让我们走到一起，分享着智慧，分享着收获，分享着快乐，分享着幸福。走进课题，沐浴书香，我们在反思中成长，在反思中进步。工作室工作贵在平时，贵在坚持。研究处处是起点，研究永远没有终点。且行且思，我们将在工作室发展的道路上走得更稳、更远。

4. 校际交流，借石攻玉

教师的专业发展除了依托学校和教育局的力量之外，还得走出学校，走出区域，与别的学校的教师进行交流。本校资源毕竟有限，学校有自己的特色和文化，也会有自己的局限，别的学校即使很多方面都不如自己的学校，也会在某些方面给自己以启发；在校级交流过程中，别人的经验或者教训也能促使自己进行反思，用他人的课例观照自己也是一个很好的自我反省的做法；交流中的思想碰撞能够产生更多的火花，使很多双方都难以解决的专业上的问题迎刃而解；交流还是一个展示自己、让别人对自己进行诊断从而促进自己改变的良机。教育局鼓励开发区各所学校间进行交流，并鼓励它们与外区、外地的学校进行交流，在这个方面，东简中学做出了很好的榜样。下面是2015年5月27日东简中学叶秉泽老师撰写的学校与多所学校开展校际交流的报道。

校际交流打造精品觉民课堂

开发区东简中学　叶秉泽

校际交流是我校提升教师素质，不断改进课堂教学的有效途径之一。本学期以来我校积极开展校际交流活动，谢耀丰校长在2015年4月16日带领大家到湛江一中培才中学交流学习，让我校的"四环自主"式课堂与培才中学的"昌乐二中"式课堂进行交流探讨。4月22日，雷州市白沙二中的课改团队到我校进行置换学习。5月26日，我校又迎来了湛江二中海东中学、廉江市良垌中学、廉江市长山中学以及湛江市第二十中学的领导与老师共43人到我校观摩课堂，与我校教师、领导广泛交流课改的经验。本次活动我校按照日常的课程表共展示了6节高效的课。听完课后我校主管课改的庄副校长做了题为"东简中学'四环自主式'课堂教学模式解读与实践体会"的报告，会后应大家的邀请，我校的王调英老师带领七年（3）班的同学现场展示班级小组建设的操作技巧。通过与各兄弟学校的交流与探讨，我校的课堂模式日渐走向成熟！

校际交流还可以扩展到县际交流、省际交流，这也是“循师道”的重要途径。要提升教师的专业水平，还得组织教师外出学习，让他们多接触外面的同行。有两种方式：一是由教育局组织教师外出学习，二是学校根据自身的需要组织教师外出学习。开展觉民教育以来，局里已经组织了四次外出学习，而各校最少也都有一次外出学习的活动。2015 年 4 月 21 日，教育局组织了各间学校校长、骨干教师前往江西参加一次国学高端研讨活动。参加活动期间，领队组织大家一起开展研讨，对活动展示的国学表演、名家的讲座、展示的国学经典课例畅谈感受。这样的学习开阔了眼界、更新了理念，对于教师的成长作用是明显的。觉民中学的符少向老师回到学校之后，结合自己的思考，撰写了文章谈自己的收获。

用国学涵养师生心灵

——觉民教育培训心得

开发区觉民中学　符少向

一

何为国学？

“国学”最开始指国家最高学府，或叫太学。今天的“国学”一说起源于清末，著名学者梁启超、黄遵宪在日本考察时发现，日本在明治维新“全盘西化”的过程中，保留了“神道教”及自中国传入的儒家思想，日本称之为“国学”。梁、黄将此概念带回国内，此后“国学”一词成为与西学对立的概念。例如国画是相对油画而言，国术武术是相对田径体操而言，国医中医是相对西医而言。

广义的国学乃一国固有之学，也就是中华传统文化。狭义的国学是以经、史、子、集为载体的中国传统文化为研究对象的学科。这些载体就是国学典籍，即国学经典，例如：四书《大学》《论语》《孟子》《中庸》；五经《诗经》《尚书》《周易》《礼记》《春秋》；三玄《周易》《老子》《庄子》(《周易》既属“五经”又属“三玄”)。而今天我要谈的是狭义上的国学，我们要用国学涵养师生心灵，使用国学来觉师、觉生、觉民。

二

在西学充斥我们的思想、价值观、生活方式的今天，需要通过学习国学来使我们成为一名真正有根的人。

国学经典是中华文化中最优秀、最精华、最有价值的典范性著作。它是中国传统文化的载体，是表现中华民族传统社会价值观与道德伦理观的思想体系，是一个民族的人文标志和文化灵魂。

中华民族是一个拥有五千年历史的民族。在漫漫历史长河中，我们的祖先把生活的智慧写入了一部部典籍中，这些典籍是数千年来中国人思维方式、行为方式、生活方式和生产方式的高度总结，是中华母亲的乳汁，是中华儿女的血脉。它告诉我们："从善如登，从恶如崩。"（《国语》）"多行不义必自毙。"（《左传》）"天行健，君子以自强不息；地势坤，君子以厚德载物。"（《周易》）我们祖先几千年来一直用它们来指导自己的生活。一直到清末，我们开始对祖先留下的智慧产生了怀疑。清政府的闭关锁国，使中国科技远远落后于当时西方许多国家，我们的国门被洋枪洋炮打开了，当时中国人受尽凌辱，丧权辱国，为了救国救民，中国有志之士兴起一波波向西方学习的浪潮：从"洋务运动"到"辛亥革命"直至"五四新文化运动"，"打倒孔家店"，请来"德先生"和"赛先生"（民主与科学）。我们从机械技术到政治体制，直至在文化上全面不断地向西方学习，甚至废除科举，废除读经，废除古文，走进了新式学堂。中华民族经历着三千年未有之巨变，甚至当时有不少学者、文人谈国学色变，例如鲁迅在《狂人日记》中写道"狂人看到满纸都写着吃人"。在如此强烈的否定之下，国民把经典国学一概地否定了。甚至在20世纪70年代的"批林批孔"活动中，把孔子彻底否定了，各地的孔庙及相关文物古迹遭到了极大的破坏。百年间我们不断学习西方的民主法治、礼仪习俗、教育方式、科学技术……中华传统文化被视为落后、闭塞、懦弱、黑暗的象征而万众皆弃。直至今天，西学影响着国民的思想、价值观、生活方式，中国传统文化处于文化断裂危机中。

诚然，国学经典中确实有一些思想的糟粕，但精华部分对现在人的生活依然可以起到积极作用。例如，中庸之道的"慎独自修，忠恕宽容，至诚尽性"依然是现代人追求的高修养。孔子的仁政思想，孟子关于"君为轻、民为贵、人性善"的观点，越来越被人们所认同。

更何况，民族之所以成为民族，最根本的莫过于具有自己独特的文化，一个民族如果连自己民族的文化都放弃，就是一个没有根的民族了。世界上最令人惊叹的犹太民族，他们没有固定的住所，几乎在每个年代都受到迫害，但他们内心深处对本民族的文化有强烈的优越感；日本帝国主义在入侵中国时，在东北学校开设日语课，禁止上中文课，希望用日本的文化熏染中国的孩子，想逐渐消灭、取代中国文化从而真正地控制整个中华民族。

斯大林在他著名的《马克思主义和民族问题》这一著作中，对民族下了定义："民族是人们在历史上形成的一个有共同语言、共同地域、共同经济生活以及表现在共同文化上的共同心理素质的稳定的共同体。”所以我们不能放弃自己的传统文化，变成一个没有根的民族。现在我们的经济改善了，许多领域似乎重新站在了世界前沿。但我们的精神信仰，教育方向、方式呢？

三

国学或许可以治愈社会道德滑坡的弊病。

“这是最好的时代，这是最坏的时代；这是智慧的时代，这是愚蠢的时代；这是光明的季节，这是黑暗的季节。”——狄更斯《双城记》

如今我们中国似乎正处在一个“最好和最坏的时代”。经济、科技的发展，政治地位的提高，使中华民族又重新站立于民族之林。但诚信缺失的“毒奶粉”“地沟油”“毒大米”事件，人道缺失的“药家鑫”“小悦悦”事件，数典忘祖的“富豪移民热”“中国明星入外籍”事件，官员们的“裸官”“表哥”“房叔”事件显示出来，虽然我们经济迅速腾飞了，但道德滑坡了，精神无主了，信仰缺失了……

如果国民都读懂“自诚明，谓之性；自明诚，谓之教。诚则明矣，明则诚矣”（《中庸》二十一章），“诚者，物之终始。不诚无物。是故君子诚之为贵”（《中庸》二十五章），“凡出言，信为先，诈与妄，奚可焉”（《弟子规》），那么不诚信的事情是否会有所减少？如果大家都读过“凡是人，皆须爱，天同覆，地同载”（《弟子规》），“老吾老，以及人之老；幼吾幼，以及人之幼”（《孟子》），那么，“小悦悦”这样的事件是不是就不会发生？如果那些热衷于移民的人知道“旧国旧都，望之畅然；虽使丘陵草木之缗，入之者十九，犹之畅然”（《庄子杂篇·则阳》），还会不会在发达后舍弃自己的国家？如果当官者明白“不义而富且贵，于我如浮云”（《论语》），“必服恭检，拔出公忠之属而无阿私，民孰敢不辑”（《庄子·天地》），还会不会贪而不厌？

单看中庸之道的三条主要原则“慎独自修，忠恕宽容，至诚尽性”就可以看出，国学经典是注重人们的道德培养的。从国学中追根溯源，在传统文化中让民族精神回归，不能不说是现时治愈道德滑坡这一社会弊病的一个良方。

四

觉民教育的方向在哪？应采用什么样的方式？

中国文化中充满着人文思想。西方在文艺复兴之后讲究科学。在教育上，西方强调技能、知识、个性、创造力、求真、智力，中国传统教育强调品行、自律、尊长报恩、自谦敬人、悟性、智慧等。好的教育方式应该是中西结合。我们用西方现代化的教育思想来让学生掌握知识和技能的“做事”方式，用中国传统教育来教学生，学会做一个有道德、有修养、活得自在的人的“做人”方法。

在现代，我们的教育一味地学习西方，丢失了自己的根本，成了“邯郸学步”，因为每个民族的价值观是不一样的，所以我们要先把自己的文化学好，完善人格，埋下智慧的种子，再去学习西方文化中的优秀成分。

如今我们区提出觉民教育，我认为以经典国学来作为觉民教育的立足点和方向，是一个很好的选择。觉民教育的精神核心是：明德、循道、正觉、悟民，这刚好与中国传统教育的核心思想相似。中国传统教育通过“博学慎思，体察涵养，克己内省，修身养性”来达到“内圣而外王”，以立德为基础，以立言（也就是传道，帮助他人觉醒）为目的，最终还要立功，为国家、天下的太平而建功立业。所以，吸取借鉴古代教育方式与智慧，并部分吸收西方教育理念及方法，不失为觉民教育的一种科学、合理的教育方式。

老子说：“幼儿养性，童蒙养正，少年养志，成人养德。”针对开发区的教育现状，我们可以在中小学开展“养性、养正、养志”的教育，而对于教师则要加强“师德”教育，其实“性、正、志”也是德，所以用国学涵养师生心灵最好不过了。

中国传统教育视伦理道德为根本，古人意识到人在 15 岁内，知识未开，可塑性极强。孔子也曾说过：“吾十有五而志于学，三十而立，四十而不惑。”可见 15 岁是人认知的一个分水岭。用德性教育先入为主，使孩子气质中以清明通达为主体，而尽量不产生混浊滞塞的东西，这样长大后就可以最大限度地抵制住外界的诱惑欺骗，心有所安所定。所以古人启蒙教育的首选内容为《弟子规》这类典籍。“首孝悌，次见闻”，“父母呼，应勿缓，父母命，行勿懒。父母教，须静听，父母责，须顺承”。让小孩先知道孝悌，因为“百善孝为先”，孝是仁德的根本体现。而“见闻”，也就是知识，相对而言是次要的。“做人”应放在第一位。

那么我们具体如何操作呢？前段时间有幸得到培训的机会，既看了外面一些学校成功的案例，也了解了我们兄弟学校摸索出来的成功做法，总结出以下较好的操作方法。

第一，专门设课的诗书熏习法。不少小学采取这种方法，我所知道比较成功的有杭州市拱宸桥小学、江西厚德外国语学校。这些学校都单独开设了国学课程。而我们开发区一小也开展了以“诵读国学经典，绘写学生美德人生”为主题的诵读和讲解经典的班会课。先读经，依次读史、子、集，这些经典历久弥新，经过了历史的筛选和锤炼，文字精练优美，意境深远，孩子熟练诵读，自小在经典中浸润陶冶，在内心深处埋下智慧的种子。

第二，课堂中渗入教育法。上个月我们区请来的华师附中的邱嘉裕老师就是用课堂渗透方法进行国学教育，并取得了很好的效果。我认为这种方法比较适合中学。这样可以不用专门开设国学课程，占用学生本来就少的课堂时间，而很多中学语文教材本来就选了不少国学名篇，完全可以做到渗透式教学。

第三，生活中礼仪养成法。例如江西厚德外国语学校的“礼仪操”和上下课的鞠躬礼，就是一个成功的案例。中国乃礼仪之邦，孔子说：“质胜文则野，文胜质则史，文质彬彬，然后君子。”举止有度，彬彬有礼，人人赏识；行为粗野，口无遮拦，人人生厌。当然不是要求孩子全部做到，所谓“礼者，敬而已矣”，培养孩子内心的“敬”，让他们一直意识到有别人的存在，这些存养功夫若从小养成，将受益终身。

第四，第二课堂形式的博雅教育法。“琴、棋、书、画”，历来被视为文人雅士修身养性的必由之径。古琴是最好的修身乐器，孔子也是朝夕不离琴。所以我们区的觉民小学近三年来的古筝兴趣班和葫芦丝兴趣班，得到了广大家长的赞誉。

汉字书法被誉为“无言的诗，无行的舞，无图的画，无声的乐”。毛笔可以视为中国人精神的象征，中国人用柔软毛笔写着方块字，柔中有韧有刚。字如其人，在不断的练习过程中，也涵养着自己的内心和外在气质。因此，我们觉民中学开办的毛笔书法兴趣班，一直都得到广大学生的追捧。

此外，学习国画、吟咏古诗文、学中华武术也是不错的形式。例如，开发区二小的诗歌朗诵特色教育，开发区四小的“雅”文化主题特色教育，都在帮助学生学习这些中华传统文化中宝贵的遗产，努力让学生文武双全、内外兼修。

选择哪种方法来进行觉民教育，每个学校可根据自身条件来决定。我认为作为教师的我们也要有修身为本的意识和修养的践行，用国学来涵养自身，不断学习，修养自己，提升境界，自己先修身才能真正教育孩子。例如孝的道理人人都懂，可孝是报恩的行动，不一定可以人人做到。我们对老人的态度直接影响孩子的身教，身教往往比言传更有效果。孟子说：“君子有三乐。父母俱存，兄弟无故，一乐也。仰不愧于天，俯不怍于地，二乐也。得天下之英才而教之，三乐也。”其实我们教师就有机会得到这“三乐”。

但在这个物欲横流的现代社会，我们得时时提醒自己“耐得住寂寞，忍得下菲薄”。家庭教育也是很重要的，所以面对家长，我们也应该让其理解并参与进来。

“十年树木，百年树人”，教育是“功在当代，利在千秋”的事业，也许我们的努力不能立马见到效果，但也许十年，甚至二十年后，你会看到曾经在国学经典熏陶下长大的学生，他们彬彬有礼，德才兼备。所有曾经努力过的教师和家长，都会因此感到欣慰。正所谓“千里之行，始于足下，九层之台，起于累土”，愿与诸同仁共同携手，坚实笃行，使我们区的觉民教育得以顺利进行并最终收获累累的硕果！

三、文化素养提升

这是正师觉的途径，有两个层面。一个是由教育局聘请专家在东海书院为学校领导开设讲座，提升他们的文学和艺术素养，比如在 2015 年 1 月 29 日请来了岭南师范学院的宋立民教授给校长们和学校中层讲《论语》，请张剑伟院长讲《道德经》。深入浅出的讲解和融经典于生活的讲述方式让校长们和学校中层大受裨益。另一个是由各所学校的领导邀请省内外著名的学者、专家来校为教师讲课，提升教师的文化素养和艺术素养，丰富教师的精神生活。开发区一小豆海湛老师在听了名家文化讲座之后，撰写了听课心得，以此来表达自己的真实感受。

从国学精华中汲取教育力量

开发区第一小学　豆海湛

2015 年 1 月 29 日，一个阳光明媚的日子，我有幸参加了由湛江开发区教育局主办的东海师院觉民教育“觉师”培训。在上午短短的几个小时里，我认真聆听了岭南师范学院张剑伟和宋立民两位教授的精彩讲座，领略了他们不一般的教学风采。他们分别对孔子和老子两位先贤进行了独到的解读，鞭辟入里，深入浅出，令人受益匪浅。通过这次培训，我对国学有了更高层次的了解，对觉民教育有了进一步的认识，教育理念因此得到了更新。

在本次“觉师”培训中，宋立民教授首先发言，他以孔子的《论语》为载体，结合生活实际和教师职业操守，进行了恰到好处的讲解。孔子曰：“知之者不如好之者，好之者不如乐之者。”即真正爱好它的人，为它而快乐的人才能真正学好它。孔子一生热爱学习，而且乐此不疲，对此，我深有体会。在信息时代，教师应当把读书学习当作一种乐趣，并树立终身学习的理念，积极钻研教育教研理论知识，不断提高自身的文化素养和业务水平。俗话说得好："读书可以明智。"要当好一名"觉师"，就要像大学问家孔子一样，爱好读书，让知识丰富自己的心灵，启迪自己的智慧。

在宋立民教授的讲解之后，张剑伟教授对老子的《道德经》进行了评析，他声情并茂，形象生动。老子是人，但要从宗教文化去研究，他又是道教的教主，被尊称为"老君爷"。老子留下的五千言《道德经》，博大精深，是中国文化的大宝藏，也是中国哲学本体论的第一部名著。在《道德经》一书中，"道"有着极其深刻的内涵，它具有自然无为，无形无名，既看不见摸不着，又有不可言说的特性。摒除老子思想的时代局限性和宗教迷信色彩，《道德经》中许多思想对于我们修身养性仍然具有宝贵的指导和借鉴意义。如第八章的智慧箴言："上善若水。水善利万物而不争，处众人之所恶，故几於道。居善地，心善渊，与善仁，言善信，正善治，事善能，动善时。夫唯不争，故无尤。"水最显著的特性和作用是：柔；停留在卑下的地方；滋润万物而不与大自然相争。老子认为最完善的人格也应具有这种心态与行为。由此，我不由联想到一个为人师表者应当秉承怎样的道德人格，难道不是要像水一样去做人处世吗？在教育上，教师唯有心系学生，执着追求，淡泊名利，方能创造出卓越的教学成就，为社会做出应有的贡献。

孔子和老子，一个是学问的集大成者，一个是道德的集大成者，不管时代如何变迁，都是我们为人师表者学习的典范。"学高为师，身正为范"，一个人既然选择了以"教师"作为职业，就必须努力提高自身的知识素养和业务水平，同时自觉地修身养性，不断完善自身的道德修养。只有如此，才能对得起自己的良心。开发区觉民教育模式以"明德、循道、正觉、悟民"为精神核心，正是汲取了孔子、老子等代表性人物学问思想的国学精华，回归素质教育的本源。只要推广和落实得好，觉民教育模式必然为开发区教育发展注入强劲的活力和动力，开发区教育将迎来蓬勃发展的春天。

觉民教育模式基于国学精华的构建理念，可谓颇具社会意义。国学是中华传统文化的支柱，是中华民族文明史的结晶，是中华文明与其他文化的根本差别所在。经过几千年历史长河的大浪淘沙，国学留给我们的是一笔宝贵的财富，蕴含着健康丰富的道德元素、做人原则、处世哲学、民族精神和价值取向。近年来，社会上涌现了一股"国学热"，从高等学府到市井民间，从大学课堂到幼儿园，国学在各个角落受到追捧，各国的孔子学院更是在全球掀起学习国学的热潮。这一文化现象开启了中华传统优秀文化的复兴，揭示着中华民族自我意识的觉醒，体现了民族自尊与自信的高扬。教育界对国学有了更深刻的认识，对国学教育有了更有益的探索，国学经典诵读正成为各个校园里的一股“潮流”。这可以弘扬和传承优秀传统文化，激发学生的民族自尊心，陶冶学生的思想情操，丰富学生的人文素养，提升学生的道德水平，塑造学生的完美人格，可谓益处多多。

如今，在应试教育体制下，由于对考试分数、升学率的狂热崇拜，很多中小学都忽视了国学教育，以致培养出来的人才拥有“高智商”，却缺少“高情商”和“高逆商”。试问：没有道德修养、健康人格的人才，于社会有何益呢？因此，我们必须革除当前教育的弊端，重振国学教育。觉民教育模式无疑为国学教育开辟了新的道路，不仅会培养出大批“觉师”，还会培养出大批“觉生”，为开发区经济社会的发展打下良好的人才基础，并推动开发区迅速崛起。

另外一个层面是学校开设讲座。学校根据本校教师的特点，不定时地安排一些文化讲座，比如“中国传统礼仪”“古典音乐欣赏”“如何做一个幸福的教师”“学一点戏曲”“瑜伽的妙处”“毛笔书法与身心健康”“绘画与生活”等，让教师在忙碌的工作之余可以找到一项让自己享受其中的爱好，也可以通过一些文学艺术的讲座提升教师的生活品位，提高教师的素养。

四、综合素质提升

教师的师德培训、专业技能培训、教育教学理念培训以及文化素养培训一般都有学校相应的措施和方法，除了学校的行为，教师个人的行为也很重要。只有自己才最清楚自己的优势和缺点，可以根据自己的优势和缺点有选择性地自我学习，提升自己的综合素质，而教育局要做的，就是尽可能为所有有需要的教师提供学习的平台。觉民教育微信公众平台就是在这样一种考虑下创建的。

基于当代教育交流的大视野与资源共享的开放意识，在区教育局的大力支持下，我们于 2015 年 4 月 21 日建立觉民教育公众微信号。借助觉民教育公众微信号，传播国内外先进的教育思想、理念与方法，分享专家与名师的实践案例与智慧，使教师的学习常态化、生活化。觉民教育公众微信号自开通以来，至今已经推送了国内外各类教育教学文章近 500 篇，开阔了教师视野，增长了教师见识，促进了教师的专业成长。

觉民教育启动之后，一些学校领导和教师不理解何为觉民教育，以为只是与觉民小学和觉民中学有关。为了更新理念，推进觉民教育各项活动的开展，教育局聘请省内外教育专家在教育理念和管理理念上对区各学校的中层以上领导进行培训，又组织专家到各学校开展觉民教育精神阐述、内容宣传以及有关师德、教师专业成长、班主任管理之类主题的培训；还组织教师外出学习，以增进对新形势下教育理念的认识。这些都是觉师培训的内容，教育局要求教师在参加培训之后要撰写培训体会。截至2015年10月20日，觉民教育编写组收到的培训心得体会已达422篇，还有一位参加广东省百千万名师培训的老师已经写了一本培训日记。培训不再是放松，不再是玩乐，而是实实在在的学习和提升。而在学校，因为觉师培训带来的变化也是不小的。首先是校长们的认识发生了改变，其次是教师在培训过程中获得了发展，最后是学校的整体面貌也在发生改变。这些变化都能从教师撰写的培训心得里看出来。下面我们来看三篇文章。

明师德，铸师魂，循师道，炼师能

——试谈新民小学对觉师培训的理论把握与实践

开发区新民小学　何捷

新民小学在觉民教育理论体系指引下，秉承着《孟子·万章上》中“先知觉后知，先觉觉后觉”的国学文化理念，坚持觉民教育“道”与“悟”的双核驱动，以“明德”“循道”为教育实践过程，以“正觉”“悟民”为终极教育目标的追求，关爱每一个学生的健康成长，关注学生德、智、体、美、劳全面发展，全面开展师德、师风、师技、师能的觉师培训工作，使我镇师德建设与教育专业化成长沿着科学规律发展，产生了诸多的良好效应。

一、明师德，树起觉师道德之标

国无德不兴，师无德不立。从教师个体上看，师德是教师个体生命的灵魂；从团队建设上看，师德建设是教师队伍建设的核心。教师是人类灵魂的工程师，教师是太阳底下最光辉的职业。教师既担任着人类科学文化知识的传播与桥梁作用，又肩负着国家对年轻一代思想品质培育的神圣使命。可见教师既是学问之师，又是品德之师。教师既要教书，又要育人。为师者，应以优秀的人格魅力去塑造学生的心灵，以高深的学术造诣与广博学识去开启学生智慧之门。

新民小学坚持立德树人的宗旨，以高标准、严要求，加强师德建设，制定了《新民小学实践觉民教育实施方案》《新民小学师德师风建设实施方案》，组织全体教师深入持久学习教育部《师德师风建设方案》《班主任工作规程》《教师违反师德处罚意见》《中小学教师职业道德规范》《湛江开发区师德建设实施方案》，开展教师职业道德作风自评自纠活动，以及教师作风学生、家长及社会评议的他评活动，建设师德师风指导小组与督查督办纠风工作领导小组；通过树先进典型，抓落后表现者，大力弘扬“学为人师，行为世范”的高尚师德师风的正能量；设置教师师德师风建设评议投诉信箱与投诉电话，方便群众反映某些教师师德师风存在的问题，并及时处理，确保教师队伍建设的思想先进性及作风的纯洁性；通过一系列的标准、要求使师德建设制度化、系统化、经常化、群众化；使我镇教师爱国守法，敬业爱岗，忠诚人民教育事业，志存高远，甘为人梯，乐于奉献，关爱学生，尊重学生人格，做学生成长的引路人；使教师个体自觉加强职业道德修养，提高教师的师德素养，确保党的事业后继有人和社会主义事业兴旺发达，为实现两个一百年的奋斗目标、实现中华民族伟大复兴的中国梦而奉献自身的力量。

二、正师觉，引领觉师风气之先

湛江经济技术开发区把觉民教育确定为区域教育的主题，这是两区整合以来政治、经济、文化、教育等社会各方面发展的必然选择。觉民教育理论的提出，具有上承历史之先、开启未来之后的深远意义。

觉民教育是东海历史上一个有着深厚国学文化内涵与丰富实践经验的理论体系，它兼容并包、与时俱进、发展创新。《孟子·万章上》的“斯道觉斯民”在湛江开发区落地生根，说其承历史之先有东海岛的先贤诸如陈乔森、何茂荷、李春熙、王锡匾、李实发、李之林等人，他们以自己的先知先觉，承传斯道觉斯民，身教言传，奔走呼告，传播礼义，践行廉洁，开启封建时代海岛纯朴的民风与文化星光，为南蛮荒野的黑夜点亮文化之灯。鸦片战争以来，清朝积贫积弱、落后挨打，广州湾饱受法国殖民主义的侵略，又有一批民族脊梁挺身而出，抗法驱敌，他们的精神彪炳史册，为我们所敬仰。抗日战争时期的郑星燕校长语出惊人：“予将以斯道觉斯民。”点破天机，明确使命。既而有沈斌、黄明德、王玉颜、陆锦伦、王师贤、李晓农、陈元清、黄超然等人，身为人师，以自己的先知先觉，传播革命理想，投身革命运动的大洪流，解救人民疾苦，为东海岛的革命胜利奠定基础。以上先贤先烈，亦师亦兵，亦文亦武，以他们可歌可泣的事迹与生命之躯，铸就了一代师魂，开启了一个又一个时代的风气，他们是东海岛的脊梁，他的名字在东海历史长河中闪烁着灿烂的光芒。正如北宋大儒张载曰：“为天地立心，为生民立命，为往圣继绝学，为万世开太平，诚然是也。”

郑星燕、沈斌、黄明德、王玉颜、陆锦伦……一系列灿若河星的名字，他们有一个共同的特点就是身为人师，既有教师的良心良知，又有社会责任感，以“先天下之忧而忧，后天下之乐而乐”的家国情怀，敢为人先的勇气，勇于担当的责任，以“天下兴亡，匹夫有责”的使命，以身立教，开启民智，但当目睹到必须匡扶世道时，毅然投笔从戎，担当起改革社会的重任，成就了红色文化的历史丰碑，为后世树立仰视的精神标杆，这些都是觉民教育伟大理论指导实践下的前世今身。

一代人有一代人的作为与贡献。我们有幸成为开发区教育工作者，站在改革开放时代的前沿，湛江经济的崛起与腾飞，大港口、大工业、大发展使命的召唤，号召我们要以健全的人格与全部精力，高扬“开拓进取、务实创新、敢为人先”的开发区精神品格，积极投身觉民教育理论创新与实践活动中，开拓湛江开发区教育的新篇章。

新民小学在觉师培训实践活动中，以师德建设为精神核心，铸造师魂，以灯塔精神指明航向，以海的博大精深开放兼容，以水的义无反顾承传红色文化精神。“以人为本的敬业精神，勇于担当的奉献精神，敢为人先的拼搏精神，自强不息的创新精神”成为核心价值体系，内化为教师师德建设的精神追求，外化为教师自觉的具体的教育实践行动，打造一支敬业爱岗、团结合作、业务精湛的教师队伍，全体教师一心一意谋发展，聚精会神抓质量，涌现出一大批师德先进分子。新民小学不负重托，不辱使命，办出让人民满意的教育，于2008年被评为湛江市师德先进集体，在社会上赢得了信任与声誉，崇文尚教蔚然成风。

三、循师道，磨炼觉师精湛之术

新民小学语文科组、数学科组、英语科组都是湛江市示范科组，有完善的研究机制与研究模式。学校重视教师的专业化成长，积极搭建更多的教研平台，建立教研长效机制，努力营造教研氛围，充分利用现有的教研资源，发挥名师与骨干的带头辐射作用，使教研更有效、更规范、更科学、更合理。

新民小学坚持以校本教科研活动为培训载体，磨炼教师的教学技术，练就教学艺术，树立“问题即课题，教学实践即研究，教科研阵地即实验基地”的意识，通过教师在做中学，在做中悟，在悟中反思，在反思中提高，自主参与，自觉培训，形成了“教师主体参与—实践探索—研究反思—形成新经验”的校本培训模式，在校本基地通过自己实践、集体研究，整体上提升教师教学技术与艺术。

新民小学全面科学地规划教师培训目标，完善教师培训机制，制定教师有效培训的策略；积极搭建培训平台，营造浓郁的培训氛围；重视教师培训，坚持立足“两不误，两促进”，即不误工作，不误生活，促进教学质量的提高，促进教师专业化成长；确立以教育部《小学教师专业化标准》为培训依据，坚持以“师德为先，学生为本，能力为重，终身学习”的基本理念，以“专业理念与师德，专业知识，专业能力”为培训内容，通过创设各种讲座、论坛、培训茶吧、外出学习、培训交流等平台，让教师积极培训、主动要求培训、自觉培训，形成培训的习惯，把培训机会作为工作先进者的奖励，促进教师专业发展，建设高素质的教师队伍。

新民小学以校本教科研为依托，以集体备课、同课异构、觉民课堂研究、理论学习、评课议课为内容，以QQ群、微信、网络为载体，通过手机、邮箱等现代传媒手段，使教科研问题不受时间、空间限制的研究，随时可以把新想法、新观点上传让群体讨论，达到整体提高的目的。

新民小学以新老教师互助结对的培训方式，提高教师整体素质。根据教师之间的不同与特长，自愿结合，互助研究，形成结对互助的研究小组，以研究教学常规工作、教材探索、教法创新、班级管理、质量监管为活动内容，实现取长补短、互帮互学，实现新老教师的传帮带作用，从整体上提高教师的业务素质。

近年来，我校组织教师外出培训的项目有全员培训、网络培训、置换培训、跟岗培训、骨干教师培训、名师培训、名班主任培训、通识培训以及各学科专项专题培训达800人次。新民小学通过校本培训与外出培训，使全体教师积极主动参与，触及思想，引发思考，缩短了个人实践与理念把握的路程，少走弯路，获得启示与灵感，摈弃落后的观念，树立先进的理念，革新知识与教学技能技巧，实现跨越式发展，推动教师的教育教学实践向前发展。

四、炼师能，打造觉师团队之魂

台上一分钟，台下十年功。新民小学着重磨炼教师课堂教学能力、磨课能力、培养学生能力、教育科研能力、读书研究能力、文章写作及成果提炼能力、班级管理能力、语言表达能力、教师专业化能力等。以下就觉师课堂改革能力、教师读书能力、论文写作与成果提炼的能力进行论述。

新民小学积极推进课堂改革工作，以集体的智慧、团队的精神，整体上磨砺教师的课堂改革能力。首先是以骨干教师为引领，带头上展示课、示范课，以学科组为单位的团队合力进行反复研磨，提炼出新课程理论下课改的特征，让每一位教师都掌握技能技术。其次是每学期每人都上一节最佳课，供大家观摩、研磨、评议，对课堂教学能力相对落后的教师进行指导，从整体上提高教师的课堂教学能力。尤其是对参加区、市级赛课的教师，全镇以新民小学科组为指导，对参赛教师的课进行一个环节一个环节的集体讨论，一个细节一个细节地琢磨，一句话语一句话语地斟酌，反反复复、不计其数、不厌其烦地耐心磨砺、探究，硬是把一个个精彩的课堂雕刻出来。在强调集体智慧的同时，更注重执教者自身潜能潜力的发挥，使广大教师从整体上提高课堂改革能力。学校营造浓厚的研究氛围，构建崇尚学习的环境，让教师在集体智慧的映照下，在团队精神的引领下产生有效的觉师培训。

新民小学积极倡导教师读书，提高教师的文化水平与能力。苏霍姆林斯基在《给教师的建议》中指出："教师要天天读书，终生以书籍为友，充实自己的思想，读书不是为了明天上课，而是出自本能的需要，出自对知识的渴求，只有当教师的知识视野比教学大纲宽泛无可比拟的时候，教师才能成为教育过程的真正能手与艺术家。"教师的读书对提高文化素养、丰富知识、提高教学水平具有基础性作用。新民小学在落实《湛江开发区教育局创建学习型班子，学习型教师实施方案》的实践活动中，坚持要求教师读书，定期检查读书笔记，形成读书的教师团队，使读书成为广大教师的生活需要；创建了学习型教师、研究型教师，引领教师向专家型、学者型教师迈进。

新民小学重视教师论文写作与成果提炼能力的培训。学校营造宽松的研究环境与浓郁的研究氛围，鼓励教师长期专注于对教学问题的研究与思索，把当时的灵感与收获以文字记录下来，指导经验丰富的教师把自己的教育实践经验提炼出来，使自己的思路更清晰、经验更明确，并形成文章，汇成成果，学校设置奖项给予奖励。苏联教育家赞可夫指出："没有个人的思考与提炼，没有对自己经验寻根究底的精神，提高教学水平是不可思议的。"可见重视教学经验的反思与总结提炼是多么重要。叶澜教授也指出："一位教师写一辈子教案，难以成为名师，但如果写三年教学反思则可以成长为名师。"所以，美国教育家波斯纳提出教师成长的公式：成长 = 经验 + 反思。可见经验的总结提炼与论文的写作对教师专业成长的重要性，是教师培训的有效举措。

执教者须善执笔，文章写得好的教师教学是差不了的。教师既要教书，又要及时用文字提炼出自己的经验与成果，这是理性的行为。文章是思想的精华，新民小学要求教师写教学反思、教育手记、教学随笔，把点滴的教育智慧凝集成一粒粒珍珠，汇集多了，深加提炼，汇聚成文章，这样且行且思地同步前进，既是教学实验的科学记录，又是思想的积累与提炼。把一个阶段一个阶段的实践逐步形成文章，这是一种真正触及教师专业化成长的有效培训，对提高教师素养与能力是非常有效的。古今名家，都有论文或论著遗留后世，形成对某个领域某个问题比较独到精辟的实践和专业性的论述，才能成就大家。正如曹丕在《典论·论文》中指出：盖文章，经国之大业，不朽之盛事。年寿有时而尽，荣乐止乎其身，二者必至之常期，未若文章之无穷。是以古之作者，寄身于翰墨，见意于篇籍，不似良史之辞，不托飞驰之势，而声名自传于后。可见写得好的文章具有青史留名的意义，更能为后人留下精神财富。

综上所述，新民小学对觉民教育觉师培训是树立师德，铸造师魂，即明德的过程；磨炼觉师技术技能是“循道”的教育实践过程；修炼成学问之师与品德之师相结合的德艺双馨是正觉的结果；以优秀的人格魅力去塑造学生的心灵，以高深的学术造诣与广博学识去开启学生智慧之门是悟民的结果。我们对觉民教育觉师培训的做法是制定切实可行的实施方案，创建觉师培训的长效机制，营造浓郁的学习研究氛围，有序推进培训工作，重视经验的总结反思与成果提炼，以及时刻学习吸收国内外教师培训成果，用以借鉴与指导；从整体上激励每位教师常怀一颗进取之心，树立远大理想、坚定的信念，富有教育情怀，努力克服教师职业倦怠，主动参与培训、研究、修炼，促使觉师培训沿着科学发展道路奋勇前进。

教师专业发展之要：正觉、正道

——写在“觉师”培训之后

开发区第一小学 陈梅城

著名教育家顾明远指出，社会职业有一条铁的规律：只有专业化，才有较高的社会地位，更能受到社会的尊重。教师如果没有社会地位，得不到社会的尊重，后果将不堪设想。实践证明，办好教育必须有素质好的教师队伍，办好学校也必须有一支素质好的教师队伍，教师专业化发展关系教育大计，功在千秋。

那么如何促进教师走向专业化发展呢？在学习了邱黎明局长的《创建“觉民教育”模式，打造开发区教育核心价值观》一文，听了江海燕院长等教育专家的“觉师”讲座，通过“觉师”的课程培训，使我认识到：教师专业发展，不完全是教师个性化努力的产物，存在共性或一般规律；多数教师之所以不能实现专业发展，是因为缺乏“正觉”“正道”“正确的指引”。下面就这几方面谈谈我参加培训的心得体会。

一、教师专业发展的原动力：“正觉”

教师的专业发展是在专业发展动力推动下进行的。随着教龄的递增，较大多数教师往往把提高学历和评职称作为教师专业发展的目标。而一旦教师的职称和学历达到了标准要求，教育行政部门和多数教师往往就会失去教师专业发展的动力。因此，我们提出教师专业发展的目标应从追求专业知识增长转向树立对教育事业的信仰，即促进教师的“正觉”。

对教育者而言，“正觉”可以理解为正确的专业觉悟、精神的自我完满，也指智慧与真理相契。怎样才能达到精神的自我完满呢？江海燕老师的一句话深深触动了我：“教师可以看作是一种兴趣爱好、是自己的标签、是灵魂的依托。”是的，“知之者不如好之者，好之者不如乐之者”，只有把教书育人当作一项事业来追求，我们才会由敬业到乐业；才会从追求功利价值到追求社会价值，进而追求人生价值；才会从追求技能到追求教学模式，达到较高的教学境界；才会由匠师成长为经验型教师，最终成为专家型教师。由以此谋生和养家糊口的生存状态，上升到体验人生和品味幸福的享受状态，最终达到服务社会和完善自我的发展状态。

当教师自己有了正确的觉悟即信仰，才能教导学生有正确的觉悟，才能使学生达到“格物致知”“厚德载物”“自强不息”的周正和圆融（梁哲校长语），这就是“觉己”。其次，觉悟了的教师帮助未觉悟的同行教师觉悟，通过自己的觉悟带动更多的同行觉悟，这就是“觉他”。

二、教师专业发展的原结构：“正道”

关于教师专业发展途径的认识，梁哲校长在《我是怎样成长起来的?》一文的分享中，提出教师专业成长应有三大理念的支撑：问题就是课题；研究是我日常工作的一部分；把论文写在自己的课堂上。而江海燕老师在谈到她的专业成长时，则更简洁地提出以下三个要点：要有心；要坚持；要用文字记录下来。两位老师的专业成长经历均可以理解为基于对教师自身教学实践的观察反思（或称行动研究），是教师专业发展的有效途径，我们称之为教师专业修行的“正道”。

我想，既然是行动研究，就要坚定“十年磨一剑”的信念，在日常教学中且行且思，将教学研究常态化，厚积薄发。正如每一把精美的提琴，它的前身，都是经历了风雨雪霜的沧桑老木；木料，要两年的阳光暴晒，劲风吹干；而割好的木板，需要在黑暗中静默五年，才可做琴。是啊，我们人生中成功的取得，不也需要经历困难与坎坷吗？成功，需要磨炼！

（一）积极承担才有成长的机会青睐

梁哲校长用其亲身经历告诉我们：作为一名新教师，要想快速成长，最好的方法就是要勇于上公开课，不要怕吃亏。刘永红老师就是以“吃亏是福”为信条，不计利益得失，勇于承担市教研员和校科组长安排的任务，实现了教育人生一次又一次的进化，体验到了心灵在去除功利遮蔽后的自在与真实。她们的成长历程，正应验了时下较为流行的一句话：不是因为成长了才去承担，而是因为承担了才会成长！

（二）能力提升才有成长的基础支撑

有一种美叫持之以恒。它让你的人生充满希望，丰富而精彩！只要有一个信念在心中，再大的风浪都不能阻挡我们前进的步伐。在教学中，我们要善于发现学生的问题，及时思考并改进教学，勤于积累并形成文字记录下来。江海燕老师的两个做法很值得大家借鉴：对日常课堂进行记录；对每次培训学习进行记录。是的，只有通过不断总结、不断反思，才能让我们的课堂更加生动起来，让教师和学生的激情都在课堂上尽情地挥洒，让学生的潜能在课堂上得到激发，让教师的智慧在课堂上绽放。《墨子·修身》里有句话“志不强者智不达”和民谚“勤学功深心似镜，苦练日久手出灵”，在此与诸君共勉。

（三）信仰确立才有成长的阶梯可攀

不可否认，我们今天的生活是丰富多彩的，是有太多名利诱惑的，但我们可以尝试一下调整心态和生活方式：放弃一些个人的娱乐时间，多一点教学教研。“不忘初心，方得始终”，既然我们选择了从事教育工作，就要干一行、爱一行、专一行，尽快使自己成为专家型教师。

三、教师专业发展的原途径：“正引”

扬雄《法言》中的“务学不如务求师”，还有葛洪《抱朴子·外篇》的“志合者不以山海为远”，告诉我们一个道理：善于交友、善于学习、善于合作比单打重要。作为教师，要想快速成长，就要积极、自觉地选择偶像或是积极向专家请教，就像制作豆腐一样：关键时刻，需要点化。每个人都应有一个明确的学习榜样，比如可以是黄爱华老师、刘可钦老师、吴正宪老师当中的一个，阅读其书籍，聆听其授课，感受其思想，相信你总会受到“听君一席话胜读十年书”的启蒙，从而寻找到帮助你从普通走向卓越的导航器。

在专业发展的道路上，教师只要有“正觉”、走“正道”的觉悟再经过正确的引领，就一定能获得教育成功的体验和职业幸福，从而成为真正的“觉师”。

“觉民教育”背景下农村教师专业发展的思考与实践

——以湛江经济技术开发区新安小学为例

开发区新安小学　何开增

当前，湛江经济技术开发区审时度势、因地制宜，全面深入开展觉民教育，倡导以“开发、开拓、开放”为特征的觉民课堂，致力于我区教育教学的全面改革，促进我区教育教学质量的全面、快速发展。笔者认为，觉民教育对教师专业发展提出了更高的要求，为确保觉民教育有效顺利开展，需从战略的高度努力打造一支师德高尚、业务精湛、结构合理、充满活力的高素质专业化教师队伍，而我们教育的薄弱环节——农村学校，其教师专业发展状况问题更需要我们关注、思考与实践。

一、教师专业发展的内涵

从国内外现有的研究来看，研究者对“教师专业发展”的界定是多种多样的。

霍伊尔认为，“教师专业发展是指在教学职业生涯的每一阶段教师掌握良好专业实践所必备的知识和技能的过程”。

我国台湾学者罗清水认为，“教师专业发展乃是教师为提升专业水准与专业表现而经自我抉择所进行的各项活动与学习的历程，以其促进专业成长，改进教学效果，提高学习效能”。

国内也有学者认为，“教师专业发展可以理解为教师的专业成长或教师内在专业结构不断更新、演进和丰富的过程”。

根据觉民教育的实施方案，觉师教育的内容确定为“明德”教育、“循道”教育和“正觉”教育。笔者结合自己的工作经历和学习思考，认为教师的专业发展具体体现为“三种智慧”。

（一）教师的专业发展应具备人格智慧

一个追求专业发展的教师，应是一个受学生欢迎的人，一个令学生信服的人，一个给学生正能量的人，一个“明德”的人。

1. 传递正面能量

新课程标准增加了“情感态度”的教学目标，包括情感、态度、价值观等。其实，“情感、态度、价值观”基本上都是不可以教的，只能感染。你把它背下来，也不管用。我们教师要用自己的人格魅力，自己的情感、态度、价值观去感染孩子们。我们先让我们自己生活得有激情，先让我们自己的身上有力量感，然后，我们的孩子慢慢地就会受影响，教师上课的激情，取决于教师的生活态度，他的生活态度会以看不见的方式感染他的学生。

2. 遵守职业道德

教师的职业道德是教师从事教育教学活动时的基本道德规范，是教师自己对职业行为的自觉追求，也是教师专业发展的道德基础。如果不能认真遵守职业道德，那么教师的专业发展就是无源之水、无本之木。乐于奉献、坚持公正是时代对教师职业的基本伦理道德要求。“奉献”作为从业的基本要求，是教师职业责任感、使命感的具体体现。因为培养人是社会发展的基础性事业，培养人的劳动是一种非常复杂的劳动，无法用市场经济的等价交换原则来衡量其价值的大小，没有奉献精神就会失去教师职业的高尚性和纯洁性。“公正”就是公平、正义、合理。“公正”既是教育的基本目标之一，又是教师职业的基本行为准则。不讲公正的教育将使学生的心灵失去平衡，其行为丧失应有的约束，教育过程也就失去了“善”的价值。

（二）教师的专业发展应具有课程智慧

教材是统一的，但地域是不同的，学生也是不同的。教师必须面对这样一个问题：拿到教材之后，教师应该如何灵活处理教材？下面谈谈笔者的一些做法。

1. 吃透教材

每本教材都汇聚了很多专家的智慧和优秀中小学教师的智慧，由于每个任课教师的阅历不一样，思考的角度不一样，所以对教材内容的理解也是不一样的。个别教师没有把握教材的主要内容，不能突破教学难点，甚至教漏知识点。同时，我们任课教师必须在头脑中有明确的知识结构，明确这节课之前学过的相关内容与后续学习内容。如北师大版数学六年级上册第一单元的“圆”，学习的主要内容包括圆的认识、圆的周长和圆的面积等。要学好这个单元，我们必须掌握之前学过的相关知识点，如六年级第一学段的周长与面积的认识，四年级的平行四边形、三角形与梯形的认识，五年级的平行四边形、三角形与梯形的面积等。还要明白其后续学习的相关内容：六年级下册的圆柱和圆锥的认识、圆柱的表面积与体积、圆锥的体积等。只有这样，才能把握各个学段的教学目标。

2. 补充教材

为了便于学生理解知识，牢固掌握知识，根据实际情况，笔者会对教材进行适当补充。如六年级上册第三单元“天安门广场”（不同位置观察物体的相对位置），教材呈现了天安门广场的建筑物的图片，让学生识别和判断拍摄的地点与照片或图片的位置关系。为了加强爱国主义教育和更清楚地理解天安门的建筑位置关系，笔者下载了天安门广场及其主要建筑的有关视频让学生观看，较好地补充了教材图片的局限。又如，学习完了六年级上册第一单元“圆的内容”之后，笔者补充了一个综合与实践的教学内容：让学生分组在校园里测量有关数据，计算圆形花坛、大榕树树干等实物的周长与面积。

3. 更新教材

一般意义上的补充教材是做“加法”，“更新教材”不仅仅是做“加法”，它首先是做“减法”，将农村中极少见的、农村学生难以理解的教材删除，更新成喜闻乐见的当地教材资源。如六年级下册比例尺的内容，教材通过呈现笑笑家的平面图进行学习比例尺、求图上距离及实际距离，学习难度较大，且不容易提高学生的学习兴趣。为此，笔者对教材进行了更新，因为湛江是美丽的滨海旅游城市，笔者将教材设计成笑笑从北京坐火车来湛江旅游，很自然就理解了图上距离与实际距离的概念，又通过视频介绍湛江的著名旅游景区，通过小组学习，让各小组在湛江地图上找景区，帮笑笑设计旅游线路，逐渐渗透比例尺、图上距离、实际距离求法等学习，大大增强了学生的学习兴趣，提高了教学的有效性。此课通过校、镇、区的层层筛选，在湛江市第八届小学数学课堂教学比赛中获得了一等奖。

（三）教师的专业发展应具有教学智慧

为了提高学习效率，全国各地都在摸索各种高效的教学模式，如湛江先后提出了“精讲、善导、激趣、引思”八字教学法和“自主学习、合作探究、精讲释疑、训练检测”四环节课堂教学模式。洋思中学提出的“先学后教，当堂训练”教学模式更是令无数人慕名去观摩。觉民教育更是循道而上，提出开发潜能、开拓思维和开放思想的“觉民课堂”，具备“师生互动，开拓进取，百家争鸣，开放包容，因材施教，尊重个性，家国情怀，民族责任”等特点。笔者认为，“觉民课堂”一定会形成百家争鸣的态势，因为它“循道”——符合学生正确的学习规律。学生正确的学习规律具体表现如下。

1. 要及时反馈

学生做了一道练习题，不知道自己做得对不对。教师让课代表把练习本收到办公室，有时候一放就是两三天，甚至一个月。学生写作文的时候，多么渴望老师给一个评价。可是，等下次作文本发下去的时候，他的感觉全没了，学生已不知道当时写作文的时候是什么感觉，因为没有得到及时的反馈。

2. 要整体教育

我们在教学时要强调“知识结构”，这跟我们认路是一个道理。比如我们开车带着外宾在湛江市区的道路上闲逛，然后告诉他这是什么地方，这是什么路，客人肯定记不住。但如果在闲逛之前，先给他一张湛江市区交通图，告诉他市区有人民大道、海滨大道、椹川大道三条主干线，这样他就把握了整体，在他的脑海中已经有了湛江市区道路的“知识结构”，客人肯定能较快记住湛江市区的道路及重要场所。

3. 要主动学习

引起学生“主动学习”，是一堂好课的最高境界或终极使命，只有学生“主动学习”，才能培养其自学能力，学生在“主动学习”的过程中尝试、摸索、遇到困难，自然要与别人合作交流，这样就能增强学生的合作意识。叶圣陶曾提出：教学如“扶孩走路，虽小心扶持，而时时不忘放手也。我近来常以一语语人，凡为教，目的在达到不需要教”。“扶孩走路”意味着：没有人能够代替你走路，你只能自己经过爬行，然后跌跌撞撞，就学会了直立走路。尝试、摸索、跌倒、摔跤之类的经历是学会走路的正常代价。

二、农村教师专业发展的状况及原因分析

据资料统计，笔者所在的单位——开发区新安小学，教师的专业发展状况不容乐观：全校行政领导3人，专任教师18人。男教师12人，女教师9人。30岁以下0人，50岁以上6人，平均年龄44.6岁。本科学历6人，大专学历14人，中师学历1人，小学高级职称12人，小学一级职称9人。参加过省级骨干教师培训0人，参加过市级骨干教师培训2人，参加过市级骨干班主任培训1人。大部分教师缺乏主动学习精神，近三年能完成每年72学时的教师培训任务的教师只有60%，每天阅读时间超过1小时的教师不超过20%。大部分教师没有撰写教学反思、教学案例、教学日记的习惯，近三年承担过区级以上公开课的教师只有2人次。

教师专业发展受到多方面因素的影响，有个人的因素、学校的因素，也有政府的教育政策和社会对教师角色的认知定式等方面的影响。笔者认为，影响开发区新安小学教师专业发展的因素主要有如下几方面。

（一）社会要求不高

教师的专业发展是与不同时代社会对教育和教师的要求分不开的，教师的专业发展是随着社会对教育的要求和期望不断提高而逐步形成和提高的。由于学校地处农村地区，学生家长大部分精力疲于生计奔波，家长的素质也参差不齐，大部分家长不够重视孩子的教育工作，家长对教育的期望与要求是不高的，自然而然，教师工作的压力较轻，对自身专业发展的要求也降低了。

（二）学习能力有限

教学就是思维，它是一个教师不断反思自己的工作，调整自己教学行为的过程，因此，教师专业发展是一个不断学习的过程。个人的持续学习能力是影响教师专业发展的重要因素。该校超过60%的教师都是民办教师转正的，没有经历过正规的师范教育，他们的学习能力还有待加强。

（三）发展动力不足

教师的专业发展是建立在教师个人成就动机基础上的，是个人的主动发展，如果没有个人成才的动力，真正的教师发展机制是建立不起来的。由于教师职称评聘长期停滞，岗位变动无望，导致一些教师安于现状，不思进取，年复一年地重复着同样的教学活动，缺乏专业发展的意识，他们参加教学改革、不断提高自己教学效能的动力不足，专业水平提高缓慢，面对觉民教育的教育改革更多的是无动于衷。

（四）政策红利稀缺

由于该校属于乡村学校，可以说是政策红利的边缘化学校，平时的教师培训指标、到外面学习交流的机会较少，加上学校经费有限，导致大部分教师只能在学校里闭门造车。

三、农村教师专业发展的途径

教师专业发展是建立在教师自主、主动地寻求自我发展基础之上的，无论是教师个体还是学校，要促进教师专业发展，首先是培养教师的学习自觉、文化自觉，拓展教师的专业发展视野，挖掘教师主动专业发展的潜意识。教师的专业发展必须在教育实践中进行，与学校日常生活联系在一起，与身边的教学、与学生的变化联系在一起。

（一）拜师先进同行

教师的专业发展需要不断吸取别人的经验，需要借鉴和学习别人的成果。在今天这样一个社会分工越来越细的信息时代，自我封闭就等于拒绝了更多的信息来源，就可能因无视别人已有的成果而付出无效劳动。对此，笔者是有深刻体会的。2013 年，湛江市举办了首届中小学校长高效课堂比赛，笔者有幸在区赛中胜出，代表开发区的小学理科组参赛，从备课、试教、再备课、再试教……在漫长的过程中，笔者有幸得到开发区资深教研员杨清老师、学科带头人、骨干教师等多人的指导。笔者虚心学他们之长，纳他们之见，吸他们之韵，个人感觉进步神速，课堂调控信心倍增，最终笔者获得了小学校长组的一等奖。

（二）学习教育理论

教育理论是对教育实践活动的理性认识，用教育理论指导自己的教育实践，不仅可以减少盲目性，更为专业发展奠定了基础。没有教育理论指导的教学实践，很难实现教师的专业化。笔者除了订阅大量的教育教学理念图书，咬紧牙关克服种种困难，还从2013年开始参加华南师范大学在湛江开发区举办的教育管理研究生课程班学习，通过系统的学习，不断丰富自己。

（三）反思教学实践

教学反思就是教师自觉地把自己的课堂教学实践作为认识对象进行全面而深入的冷静思考和总结。它可以激活教师的教学智慧，探索教材内容崭新的表达方式，构建师生互动机制及学生学习新方式。任何一个教师，哪怕是一个高明的教师，在其执教的过程中也不可能做到尽善尽美。审视和分析自己的教学行为、教学决策和教学结果，可以有效地纠正教学观念、教学行为上的偏差，形成自己对教学现象、教学问题的独立思考和创造性见解，提高自我觉察水平和教学监控能力。

（四）投身教学研究

投身教学研究的重要举措之一就是开展校本教研活动。校本教研，对教师而言是促进教师专业化成长与发展的有效途径；对学校而言是保持和创新办学特色的重要支撑；对课改而言是保障新课程改革向纵深发展的关键环节。它以发生在学校教学现实场景的真实问题以及提升教学常规、教学水平、教学管理等方面为研究内容，深深根植于学校与教师的现实需求。近几年，笔者每个学期都确定一个教学中的疑问作为研究主题，通过查找资料、实践反思，个人感觉收获匪浅。除此之外，笔者坚持每个学期读一本教学理论书籍、撰写一篇教学专业论文、出一份高质量试卷、争取条件参加一次市级以上学科教研交流会，通过实施“五个一”工程促自身专业的发展。

总之，教师专业发展是历史进步的要求，是觉民教育改革的需要，是教师实现人生价值的必经之路。“学习自觉”和“文化自觉”是教师专业发展的前提，学习能力是教师专业发展的基础，教学实践是专业发展的阵地，只要我们积极加强学习，积极反思教学实践，积极投身教学研究，自觉开展校本教研，我们的教师专业发展必会有所建树，必能为我区的觉民教育做出应有贡献。

新民小学觉师培训的做法是开发区各中小学开展觉师培训的典范，多种形式的培训方式使教师在师德、师道、师艺上大有长进。陈梅城主任和何开增校长的思考一方面体现了“觉师培训”带来的改变，另一方面也体现了教师们在培训过程中的自我成长。教师的成长也就意味着学生的成长，师生的成长自然推动学校的成长。

觉师培训是“明师德”“循师道”“正师觉”的主要践行途径，培训对教师来说是最好的学习方式，多种形式的培训充实了教师的业余生活，开阔了视野，提升了理念，促进了个人的发展。不过，培训并不是觉师教育的唯一方式，还有觉师活动。

觉师活动不同于觉师培训的地方在于，觉师活动重在形式上的轻松活泼和要求上的宽松灵活，基本是由学校自己决定如何开展。

第三节　觉 生 教 育

实施觉生教育的途径主要有两种，一种是课程开发，打造觉生平台；第二种是课堂改革，提高教学质量。近年来，在教育局觉民思想的统领下，各个学校在这两大块做了一些尝试，取得了一定的成效。

一、觉民课程

觉民课程是觉生教育的一个重要途径。课程是学校的生命力，课程设置的情况体现出学校的办学理念，也会影响学生的发展。所以，正确的课程观对于学校的课程设置者来说非常重要，对于实施课程教学的教师也很重要。

（一）课程理念

觉民教育依托传统，又立足当今，着眼未来，所以在课程的设置上要考虑传统、当下和未来。所有的课程设置最终的目的是促进学生的成长，那么在促进学生成长方面，哪些课程是必要的，哪些课程是可以选择的？哪些课程又可以进行开发？觉民教育的基本理念是：唤醒潜能，唤起对真善美的敏感，打造智慧幸福人生。觉民课程在这个基本理念的统领下，结合课程本身的作用和特点，提出了“三觉”课程理念：觉智、觉慧、觉美。

觉智。从知识技能的传授出发，开设能够使学生学习知识的课程，让学生在学习中掌握知识与技能。觉智对应的是觉生中的“循生道”。

觉慧。以能力培养为重点，开设可以锻炼学生动手能力、实践能力、学习能力、合作能力、沟通能力等各种可以帮助学生在将来的人生中找到自己位置、实现自己价值的能力的课程。觉慧对应的是“觉生”中的“正生觉”。

觉美。以感受世界、感受人生为目的。开设帮助学生认识世界、认识社会、认识自己，有正确的价值观、世界观和审美观的课程。觉美对应的是觉生中的“明生德”。

（二）课程分类

在“三觉”课程理念的指导下，觉民课程分为基础课程、拓展课程、研究性课程和德育课程。

基础课程就是教育部规定的应开设课程，比如语文、数学、英语、物理、化学等。学校按照课程要求安排课时，购买教材。在基础课程上各个学校没有多大的差异。

拓展课程是在基础课程的基础上对教材涉及的知识加深加宽的课程，比如为了提升学生的写作能力而开设的诗歌写作课程，为了让学生对物理有更深入的钻研而开设的创客课程等。这类课程因为学校条件的不同而不同，有的根本就没有，有的刚刚起步。课程的开设跟学生的需求有关，也跟师资有关。现在有些学校开设了社团，有点类似于拓展性课程，不过，社团活动的规范性还有待加强。

研究性课程是能够开发学生潜能、开拓学生思维和视野、开放学生观念，让学生大展拳脚、尽情发挥从而锻炼学生动手能力的课程。研究性课程基于学生的需要，立足于学校的实际，着眼于学生的发展。比如学生对航模感兴趣就可以开设航模班，对京剧感兴趣就可以成立剧社，对表演感兴趣就可以开设表演班等。目前在开发区一中和觉民中学有研究性课程的雏形，但是没有形成体系完整的课程。觉民教育倡导学校开设研究性学习，让学生在自主研讨、自行探究中去学习知识、掌握技能和锻炼能力。

德育课程不是指传统的班会课，它包括班会课、团队会、主题月活动、节日活动、社会实践、文化课程等。这是“明生德”和“正生觉”的途径。“明生德”就是要明确德育目标，建立德育体系，让学生在形式各异的主题教育班会中受到教育和熏染，在丰富多样的地方课程学习中受到启发和激励，在不同意义的节日活动中受到鼓舞和震撼，从而培养觉民精神，如开发区第一小学的“觉童”系列。“正生觉”侧重于美育和体育，通过美育和体育培养学生美好的情操和健康的身心。各个学校充分利用资源，开展传统文化的教育，借助传统文化涵养学生的心灵，培养孩子的艺术素养和强健孩子的体魄，比如开发区第一小学开展的“围棋”“太极拳”“经典诵读”等活动，开发区第二小学开展的“书法”活动，开发区第三小学的“国学经典诵读”，开发区第四小学的“四雅文化”，觉民小学的民乐团、人龙舞等。下面且来看看开发区第一小学德育处主任张玉芳撰写的一篇文章。

春风化雨　润物无声

——浅谈觉民教育之“明生德”

开发区第一小学　张玉芳

今天的优秀学生，将是明天的文明公民。今天学生的素质，将决定明天的国民素质。对于教育而言，首要任务就是要让学生明白什么是基本的美德，懂得分辨德行的美丑，并且能在平日的行为中践行美德。这就是“明生德”，是觉民教育的核心精神之一。在我区开启觉民教育模式后，如何恰当解读“明生德”的内涵并成功付诸教育实践当中？已成为我们深入思考和研究的新课题。这里，我结合我校所着力构建的德育体系目标，来谈谈个人的感想。

一、加强养成教育，培养学生良好习惯

良好的行为习惯使人受益终身，而行为习惯的养成主要是在少年儿童时期。行为习惯养成的影响因素来自社会、学校和家庭。在学校教育中，养成教育是学校德育工作的中心内容，是形成良好校风、学风的关键。良好的行为习惯是学生各类学习活动取得成效的重要前提，是学生优良品德形成的标志，是评价学生综合素质的重要内容。《国家中长期教育改革和发展规划纲要（2010—2020年）》中明确提出，坚持德育为先，加强社会主义荣辱观教育，培养学生团结互助、诚实守信、遵纪守法、艰苦奋斗的良好品质。把德育渗透于教育教学的各个环节，贯穿于学校教育、家庭教育和社会教育的各方面，从而培养学生的良好行为习惯。

在1988年世界各国诺贝尔奖得主的巴黎聚会上，有人问一位诺贝尔奖得主：“您在哪所大学、哪个实验室学到了您认为最重要的东西呢？”这位白发苍苍的老学者笑着回答道：“在幼儿园。”“幼儿园能学到什么东西呢？”“把自己的东西分一半给小伙伴们；不是自己的东西不要拿；东西要放整齐；吃饭前要洗手；做错事要表示歉意……”由此可见，一个人养成良好的习惯是何等重要！其实，诺贝尔奖得主所提到的种种行为习惯，都属于日常生活行为规范养成教育的范畴。

在养成教育上，我校少先队确定了行为规范每周的训练重点，明确了行政值周和班主任老师的职责，一至六年级在星期一的礼仪教育课，根据周训练重点对学生进行教育，教法要灵活，要让学生牢记具体要求，明确行为的准则，并且在班里开展争做“规范生”的单项评比。其次，要加大大队部、

行政、值日教师、专职卫生检查员的常规检查力度，优化“双优班”的评比，全面了解和促进各班的行为规范教育，把行为规范教育作为一项常规性工作，常抓不懈。每天在课间对学生进行言行举止巡查评价，结论纳入班级量化。设立“两岗”：每天上学时间在校门、楼门设立文明礼仪岗，每天课间在校园、楼道设立值日师生的流动文明岗。“两岗”负责自身文明行为展示，纠正不文明行为。为了巩固成果，我校认真开展好“学生行为习惯养成教育月”系列活动。

培养学生具有必要的礼仪常识和修养，也是我校少先队训练的重点。这个学期，我校着重进行细节教育，通过细节的训练促进学生形成良好的教养。

二、重视传统文化教育，培养学生人文素养

中国传统文化源远流长，博大精深，它是古老文化的精华，是中国文化和中华民族精神形成的基本根源，也是我们应该生生不息传播的瑰宝。因此，我们必须重视传统文化教育，尤其是传统美德教育，主要途径有经典道德内容诵读。

经典道德内容诵读，抓住孩子小学黄金般记忆年段，寓教于乐，每天只需10至20分钟，帮助孩子用最轻松、最快捷的方式背熟《三字经》《弟子规》《千字文》《论语》《道经》《德经》等大量中华优秀的经典名篇，并着重筛选名篇中有关道德的内容讲解，进而指导学生的行为，使孩子在最佳的年龄段能接受祖国源头道德文化的熏陶。通过开展国学道德内容诵读活动，弘扬祖国优秀的传统美德文化，潜移默化地形成优良的道德品质，培养民族自豪感，有利于培养学生的人文素养和审美情趣，有利于加强小学生思想道德建设，形成正确的人生观、价值观和世界观，并逐渐完善自己的人格。

经典诵读，尤其是国学中道德篇章的背诵、讲解、运用和内化，正是我校德育的一大特色，也是践行“明生德”教育精神的有效举措。各班每日上下午两次放学后集中10分钟，在操场上排队朗朗诵读；每日午间道德故事讲解，学生在教室里静静聆听。每周一班会课用10分钟，由德育处安排人员讲解10分钟国学中的道德内容，每周一内容，符合当月教育主题；每月用一次班会课演国学，以课本剧的形式，从月教育主题中选择内容；每学年全校在艺术节时展演一次优秀作品。每日大课间以国学操来锻炼：《三字经》踏步，《弟子规》韵律，《中华成语千句文》广播操，《论语》器械运动，《道德经》放松运动（手语操）。每日课间10分钟播放经典诵读：星期一诵读《三字经》，星期二诵读《弟子规》，星期三诵读《中华成语千句文》，星

期四诵读《论语》，星期五诵读《道德经》。少先队每日检查践行国学行为规范的情况。

我校的传统文化教育，主要是国学中道德内容的教育常规化、系列化，渗透到学校教育教学活动的每一个环节中。这样，我校就达到了以下德育效果。

首先是传承中华文化，通过开展国学道德内容诵读活动，学生初步学习、感悟优秀传统美德作品，从阅读经典中感受中华文化的源远流长，汲取民族精神的丰富营养，不断增强对民族优秀美德的认同与自信。

其次是弘扬人文精神，与经典同行，与圣贤为友。在诵读中提升境界、丰富内涵、开阔眼界、净化灵魂、启迪智慧，培养学生的爱国情操、崇高志向、自强人格、诚信品质等，让中华民族智慧的精华引领学生的生命追求，促进和谐发展。

再次是推进素质教育，通过国学道德内容诵读，拓展学生的知识层面，感受汉语言的魅力，培养学生对国学的爱好，打下扎实的人文精神功底，提高道德判断能力，为终身发展奠定基础。努力营造浓郁的书香氛围，建设具有一小特色的德育体系。

三、开展主题教育活动，提高德育工作实效

主题教育活动是一种以学生为主体，以教师为主导，围绕某一个主题，有计划、有目的地开展形式多样、内容丰富且情景化了的道德认知教育，是引导学生在认知冲突和思想对话中进行道德交往、激发道德反应、获得道德体验、促进道德发展的德育教育活动。根据少年儿童的生理心理特点，遵循学生的成长规律和教育规律，积极开展主题教育活动，是提高德育工作实效性的重要途径。

几年来，我校都比较重视主题教育活动的开展，努力提高德育工作的实效。我校坚持以“五爱”为教育主线，开展诚实守信、文明礼貌、遵纪守法、团结友爱、生态文明等系列化主题教育活动，大力弘扬社会主义核心价值观，培养学生良好的道德素质和情操。根据上级文件精神，我校本学期举办师生“传承抗战魂，共筑中国梦”“圆中国梦，从我做起”等大型主题教育活动，弘扬民族精神，激发学生的爱国情感和民族自尊心，让学生从小树立“少年强，中国强”的理念，心怀祖国，志存高远，奋发向上，拼搏进取。

在主题教育中，我们努力做到五个结合：一是主题教育活动与班队会结合；二是主题教育活动与学校的日常教育结合；三是主题教育活动与生态文明教育结合；四是主题教育活动与贯彻《公民道德建设实施纲要》相结合；五是主题教育活动与养成教育相结合。

在德育工作上，我校还积极推进“温馨班级”“书香班级”的班级文化建设；依靠课程育人，认真上好品生品社课、班会课等；加强安全教育，提高学生的生命健康和安全意识。一言以蔽之，我校努力构建具有特色的德育体系目标，为“觉民教育”的开展提供有力支撑。“春风化雨，润物无声”，德育的过程是内心受到感染、熏陶，然后内化为自身行为的过程。通过卓有成效地开展德育工作，我校达到了“明生德”的教育目的。围绕“觉民教育”这一主题，我校将努力把德育工作推上新的台阶，为社会培养更多道德高尚、品行端正的优秀人才。

二、觉民课堂

课堂是实施“循生道”的主阵地，觉民教育将这一块主阵地称为“觉民课堂”，并开展新的课堂教学改革。

（一）课堂理念

早在2010年，区教研室就制定了“有效课堂人人达标”课堂教学改革方案并在全区中小学予以实施。5年来，有效课堂取得了显著成效，开发区中高考成绩连年攀升。觉民课堂不是对有效课堂的颠覆，而是延展和深入。如果说有效课堂重视的是课堂的结果，那么觉民课堂注重的是取得这个结果的原因和过程。也就是说，觉民课堂关注教师在课堂上以何种方式传道、如何去传道。

觉民课堂要求向传统借智慧，以传统书院文化为依托，借助传统书院的精神来培养德才兼备的新一代人才。书院教学提倡学生自由钻研，自行理会。书院教育的主要方式就是学生自行读书、自行钻研、自行领会，其间老师予以指导。

书院教育还鼓励师生之间互相质疑问难，倡导学生之间“亲师取友，切磋琢磨，所以讲明义理”，鼓励师生之间、学生之间“相观而善，相资而成”，认为学生学习如果不能互相切磋、互相学习，“身居一室之内，心驰万里之外，虽日亲方策，口诵圣言，亦欺入耳”。书院的精神概括起来就是：“师生互动，开拓进取，百家争鸣，开放包容，因材施教，尊重个性，家国情怀，民族责任。”

基于以上两点基础，结合开发区的区域特色以及觉民教育的“唤醒”理念，可将觉民课堂的关键词确定为：开发、开拓、开放。

（二）“三开”内涵

“开发”一词在字典里是这样解释的：开拆、启封；开掘、发掘；施展并发挥、启发；开导；开朗焕发。从解释来看，“开发”既可以作为动词，表示“开导、开掘、启发”之意；也可以作为形容词，表示“开朗的、焕发的”意思。“开发”强调教师在课堂上的引导和启发，强调学生在教师的引导和启发下开启智力、焕发潜能，这就要求教师注意问题的设置以及学生回答问题过程中表现出来的能力或者缺陷，及时引导学生进一步思考，将思维引向深入，从而呈现一种豁然开朗、精神焕发的状态。

开拓，就是开创和拓展，是在原有知识基础上的延展和深入。它包括两个方面：一是思维的开拓，强调追根溯源，知识的传承与衔接，以及思维的发展，思辨的产生，逻辑能力的锻炼；二是视野的开拓，强调知识的迁移，能够由此及彼，注重知识的广度。视野和思维的开拓能让学生学得深入、学得扎实，同时也能锻炼学生的想象力和创造力。

开放，既是形式也是特点。从形式上说，它追求的是开放式的课堂，组织形式不拘一格，甚至连课堂都可以不在教室；师生间的关系也是开放的，师可为生，生也可为师，什么样的方式能够取得最好的教学效果，就采取什么样的方式。从内容上说，教学内容也可以是开放的，不局限于教材上的知识，教师可以自己来确定教授的内容，甚至可以自编教材。从思想观念上也是开放的，学生可以质疑教师，教师也可以请教学生。开放还体现在“放开”，放开思想，自由创造，尽可能让每一个学生都愿意表现、可以表现和乐于表现。课堂呈现一种生机勃勃的气象。

开发、开拓和开放是对课堂的要求，也是觉民教育的追求，这三个词既照应开发区这个区域的特征，也与觉民的“觉”含义一致。“觉”就是“唤醒”“懂得”“觉悟”，使深藏的东西显示出来，开发、开拓、开放的课堂就是唤醒和激发学生潜能，让学生的视野和思维得到发展，让学生产生知识的敏感，促发想象力和创造力的课堂，它体现的仍然是“教育是唤醒人，让人成长”的理念。

各校根据自己的实际，按照觉民课堂的要求开展课堂改革，为了推进改革和检测各校实施觉民课堂的效果，教育局于2015年5月开展了校长赛课。在这一次赛课中，有15位小学校长和9位中学校长参加了赛课。校长赛课的意义重大，校长们通过自己的身先士卒，将觉民教育推向深入。10月份继续开展觉民课堂的赛课活动，通过中层领导的赛课，对觉民课堂进行诊断和总结，以促进整个区课堂教学的深入改革。

活动开展以来，校长和老师们从不理解到主动参与，在各自的教学上都有了新领悟。下面展示两篇在课堂教学上感受较深刻的文章。

突破教学瓶颈　显现生命张力

——以我校“先学后导”自主性学习模式为例谈“循生道”

开发区第一小学　林文智

生本教育理论指出：教育必须依靠学生的内部自然发展学生的学习天性，开启学生自身的动力系统，释放学生的能量，才能实现由过去的被动学习向自主式学习的转变，提高课堂教学的实效性，使学生生动活泼、自主、幸福地发展。因此我们的教育理念应该是“循生道”，激发学生的内动力，提高能力，优化素质，实现教师与学生共同发展。而在大一统的教学模式中，教师的教学一般是指向中等水平学生的。这虽然关注了学生中的多数，可是，学习优秀者就因内容之“浅”而失去兴趣，学困生就会因为内容较“深”而不知所云。于是，这部分学生的学习兴趣就会日趋减退，原有的优秀者会沦落为中等水平；原有的学困生就每况愈下，差之更差。并且教学局限于教科书和课堂内有限的空间和时间，限制了学生的自主性。为此，我们在理论建构与教学实践方面进行了探索，努力构建课堂结构：前置性学习—小组互助—课堂展示—教师导学—检测反馈，使学生成为课堂的主人，显现生命张力。

一、前置性学习——目标明确，自主多元

传统的课堂教学是一种后置性教学模式，基本上是填鸭式的、哺育式的，学习的过程几乎完全被教师所掌控。一节课内数十人不可能都得到检测和反馈，学生只能是被动地接受，缺少自主学习的时间和空间。

所谓前置性学习，就是在正式课堂教学之前所进行的目标明确的自主性预习。前置性学习的内容放在了课堂之外，不同个体的学习就会因人而异，自主选择学习的方式、方法和进度，同一个问题可以自己去查阅相关资料，也可以上网搜集相关的信息，还可以向身边的人请教。而学生将各自所学的知识展示于课堂之上，就会因为这种特殊的“展示”而快乐，反过来激发下一次的学习，形成良性循环学习。前置性学习的过程成了学生自己的事，由学生自主安排，不再受教科书和课堂的限制。相对自由的心灵状态，给学生带来巨大的生命活力，即使“笨鸟”也可以“先飞”，于课外提前或用较多的时间进行学习，以便在小组互助与课堂展示中拥有发言权。久而久之，学生的自主学习就会水到渠成地形成。

那么，前置性学习是否等同于一般意义上的预习呢？二者虽有相同之

处，但却有着本质的区别。

一般性预习虽然可以“因人而异”，但由于总的目标不明，学生大多是“摸着石头过河”，捡了芝麻丢了西瓜，迷失方向的情况时有发生，事倍功半也就在所难免。前置性学习则是在目标指导下的自主学习，学生在预习中始终指向既定的目标，学习的重点难点一目了然，自主学习的效果也就可想而知。如一年级上册“认识 11 ~20 的数”的前置性小研究可定为：

①你知道10的后面20的前面有哪些数，你能有序地写出来吗?

②挑一个你最喜欢的数说一说有关的知识。

你最喜欢的数	举一个与这个数有关的例子

这样的探究问题每个学生都能入手、会做，体现了知识的核心性和开放性，特别是问题②的“举一个与这个数有关的例子”，学生能列举的例子的知识就会有广度和深度，形式会有画图、填空、大小数填写、算式、应用题等。

一般化的预习内容是教科书，前置性学习不但包括教科书的内容，还要向与之相关甚至“无关”的学习内容和相关资料延伸。对于一篇课文，学生自学时不仅要朗读全文、寻找重点词句和概括文章大意等，还要搜集作者的生平及社会背景，文本涉及的背景及相关事件、人物等相关资料。而且，还要用生活解读文本，调动学习个体所有的知识积累和生活积累，再现文本生活原景；用文本拓展生活，学习积累文中知识；让文本服务生活，体会作者态度与情感等。在此后的小组互助与班级展示的时候，对课文相关内容的解说就有了更多的话语权，甚至超越教材、“青出于蓝而胜于蓝”。这反过来又给学生以自信，使他们在以后的前置性学习中更加主动与积极。

二、小组互助——张扬个性，学会合作

大班额的教学现实，给学生课堂交流展示设置了路障。一节课下来，只有十几个甚至更少学生进行了有限的展示。而学生一旦得不到展示，势必成为欲言不能的无奈者，或者是消极的看客，其学习的积极性就会受到挑战。小组互助则有效地解决了这样一个问题。在小组互助中，学生人人都可以在各自的小组内交流展示。由于在前置性学习的时候，每一个人都有了一定的知识储备，所以，在小组交流时都可以从各自的视角发表自己的见解。并且，学懂的同学还要教会不懂的同学。这反过来又为前置性学习注入了生命张力；而前置性学习的高效，又为小组交流提供了坚实的保障。

小组互助时，人人都要对相关问题的理解、质疑、拓展和延伸等发表意见，也就是人人都要展示。学生在前置性学习中所获取的知识是立体的、多元的，因此，小组互助就成了知识、思想的集散地，每个同学把自己的学习成果拿到组内交流展示，扩大了课堂教学的信息量。于是，小组互助交流的内容超越教材文本的情况也便时有发生；教学参考书上的固定答案受到了学习的挑战；某一问题的结论有时与教师产生相左的地方，“弟子不必不如师”的现象也就应运而生，不由得让教师为“青出于蓝而胜于蓝”而惊叹。

小组互助中，学生在信息交流、汇集、整理的过程，既是一个思维、方法的学习训练过程，也是学会倾听、学会表达、学会分享的成长过程。在交流中，不断进行汇集整理，最后构成全组的知识高地，内化拥有。

三、课堂展示——热烈有序，分享成果

如果说小组互助是学生人人参与的话，班内交流则是组组参与。由一位同学代表小组，将交流互助中形成的意见在全班交流与展示。这种展示比起小组交流，显然有了“更上一层楼”的提升。

对发言小组来说，展示的过程既是复习巩固的过程，也是梳理思路、增强表达能力的过程，还是一个深入思考和学习交流的过程。展示过程表现得好，可以增强学习信心；展示过程表现不够，可以通过其他小组的补充与批驳增长见识，加深与修正自己的观点。对未展示的同学来说，在分享发言者的成果的时候，还可以印证自己学习的正误，加深对问题的理解。特别是一些重点难点，往往都是在交流中被大家掌握与破解的。

四、教师导学——有效学习，落实目标

此环节是发生在小组和班内展示后，教师根据学生的学习和汇报情况，抓住重难点知识和问题，把它“放大”“重视”，然后进行有针对性的“导学”，也就是“以学定导”。

在班内展示时不能放任自流地让学生随意展示。无序状态下的热闹必然缺失两样东西：一是不能实现真正意义上的全体之动；二是学生有时会在细枝末节的问题上纠缠不下而游离了教学的主要方向。这时教师不是混迹于学生之中，放任自流，而是始终引领着展示的方向。在学生激情昂扬的时候，教师应保持着清醒的头脑，特别是在学生展示中，不同观点一争高下而又难分难解时，教师不但要做出评价，还要做真正意义上的导演，迅速地引领学生走向正确的航向。所以，教师的“导”应充满智慧，如设计的话语：“谁听懂了他的意思？能复述（解释）吗？”“与他一样的请举手。”“与他差不多的请举手。”“你的方法与他不一样在哪里？”“你能理解几种方法？”“你

认为哪种方法更好?”这样的“导”充分体现了交流的有效性，充分发掘了学生的教学资源，教学目标得到很好的落实，从而使学生进一步学会探索，学会学习，提高自主性学习的水平。

五、检测反馈——分层优化，促进发展

为使学生进一步巩固和掌握新知，形成技能，获得能力培养，以及了解学生对知识的掌握和学习目标的完成情况，就需当堂进行检测。一是生生检测。生生检测是指学生根据本节课学习内容和教师的要求，互相出题检测和评价。形式有：同桌检测、小组检测、自由组合检测、组与组间的检测、分层次组合检测等。这样既发挥了兵教兵的作用，调动每一位学生学习的主动性，又能使学生进一步深化和理解知识，培养应用能力。二是师生检测。师生检测主要是指教师在备课时预设好有关练习，或根据前面的反馈情况灵活出题检测。形式有：达标测评、分层测评、小组讨论解决、课后探究、课外选做等。这样经教师的及时反馈、学生的互帮互学和纠正，不同层面的学生都能得到发展。

“先学后导”自主性学习模式很好地体现了“循生道”理念，凸显学生的主体地位。它以学生的先学探索为前提，以学生认知起点为基准，以合作交流为依托，以训练为主线，以评价为机制，把“苦学”变为“乐学”，把“要我学”变为“我要学”，把“被动”变为“主动”，把“负担”变为“享受”，促进学生快乐、幸福地发展。

精彩觉民课堂，缘于觉童生成

开发区第一小学　邓淑燕

觉民教育倡导“循道”“悟民”“以生为本”，让觉童于无声处达到“正觉”。课堂教学是人的教学，人是活泼的、开放的、差异的。一次精彩的即兴发言，一个异于常规的举动，甚至一次看似干扰教学的突发事件……这些课堂生成事件，只要我们注意挖掘唤醒，都有可能成为开启学生智慧之门的资源，使得僵硬的教学预设变成动态的具有生命活力的觉民课堂，使觉民课堂教学真正成为孩子们生命流淌的过程，成为一曲生命泉水流动的乐章，让孩子们体验到学习成长的快乐。

一、巧借“东风”，解决难点问题——促自觉

无法预约的精彩应是教育智慧的结晶，是神来之笔，而不是刻意追求的结果。学生作为教育对象，是最宝贵的教育资源。几十个学生的既有经验、智慧、知识和学习的内在潜力，都可以为教学所用，而且有越用越多、越用越丰富的特点。当你在课堂上正为某个知识重点、难点一筹莫展时，如果能

够巧借学生自发吹来的“东风”，势必会收到事半功倍的效果。

二年级的一篇新课《难忘的一天》，有这样一个句子：“我忘不了这一天，忘不了肩上担负的责任。”这句话需要教师在课堂上引导朗读感悟。它是本课教学的一个重难点，也是本课的中心思想所在。备课时我就已经在犯难，该怎样引导学生去深刻地理解“责任”一词呢？这对二年级的学生来说还是一个“新朋友”。是让学生课前在家查找资料或请教父母，还是把教师、大人的理解强灌给学生？我自己一时拿不定主意，于是请教同年级的两个语文老师。他们却认为：教师用自己的理解去引导，学生能记多少就是多少。我有点茫然，感觉这样的教育有点牵强。上课了，是该解决本课的教学重难点的时候了，我开始有点不知所措。“不行就用老教师的方法吧。”我暗暗对自己说。出示句子，学生自由读完，我正要把“责任”的意思强加给学生时，突然一只小手举起。是她，班中的学习委员林小媚，这孩子瘦瘦的，眼睛黑黑的，梳着一对小辫子，课堂上总能听到她个性独特的发言。她站起来：“老师，虽然我不知道‘责任’这个词是什么意思，但我知道老师的责任是教学生，把我们培育成才。”话音刚落，我带头给她掌声，思维的香槟一打开，智慧就该往外喷射了。有个孩子得到启发，也说：“老师，我也知道，医生的责任是医好病人。”接二连三，孩子们都纷纷发表了自己在生活中对“责任”的具体理解。作为课堂的引导者，面对孩子们意想不到的、精彩的发言，我感觉犹如冰山化解，思维的泉水冲垮堵塞，尽情迸射，尽情地流淌、疏通，顿觉豁然开朗。于是，我把思路稍作改动，对孩子们说：“同学们，那你们的责任是什么呢？文中的‘我’跟你们一样大，他肩上的责任又是什么呢？”又是一轮精彩的发言。

“问题从学生中来，在学生中解决”，有时候一个耐心的等待胜过教师千言万语。对于许多生成问题，在教师的及时引导下，可放手让孩子自己解决，或让孩子自己体验和感悟。让孩子的思维进行相互碰撞，互相启发。这堂课正是由于我没有拒绝学生送来的“及时雨”，才使得课堂上的思维火花竞相喷射。所以，把生成的问题留给学生解决，会让我们看到真情的互动、智慧的火花，我们的觉民课堂也会真正成为学生生命流动的乐园。

二、尊重生成，关注生命灵性——引觉悟

教过小学低年级语文的教师都会有这样的记忆：在课堂上我们经常听到学生不同寻常的回答或提出不同一般的问题，很多时候我们真不知道那些奇特的想法是怎么来的。随着新课改的推进，学生主体性、自主性的增强，学生质疑、反驳、争论的机会已大大增多。教师应该学会倾听，成为学生的忠

实“听众”，并在倾听过程中及时发现他们困惑的焦点、理解的偏差、观点的创意、批评的价值。针对其中有价值的“意外”合理打乱教学节奏，演绎不曾预约的课堂精彩。

有一次，我让学生每人写一段话，描写在春天所看到的景象。我们班林锦光写了一句：“春天来了，各种各样的菊花开了。”当我把这个句子在班中读出来的时候，全班同学都哈哈地笑了，因为“圆滑”的孩子们已经认识到老师当时读的是一个有问题的句子。按照气候的正常变化，植物生长的规律，菊花不会在春天开放，可这个孩子就这样写了，而我作为语文老师也就这样自以为是地“帮”他删掉了。结果，在接下来的课中，我无意中发现这个平时活泼好动的孩子双眼写满了委屈，一言不发地坐在座位上。当我向他走过去时，他怯怯地告诉我：“老师，现在是春天，我真的是看到菊花开了，就在咱们学校后面的庙门口！”旁边的几个孩子也顿时记起，忙说：“是，是，老师，是真的，我也看到。”而我，又何尝不是也在春天看到菊花开呢？如今地球气候变暖，在温室栽培的条件下，四季都能看到菊花开放，林锦光这个孩子只是如实地描写他在春天看到的这个景象，我凭什么就一口否定了他呢？于是，我又在班中向全班学生重新评价了这个句子，把这个句子改成“春天来了，从温室里搬出来的各种各样的菊花开了”。结果，这个孩子笑了，那可是一种被理解之后会心的欢悦呀！

成都大学陈大伟教授曾说过：“没有人拥有真理，每个人都有权利要求被理解。”老师是如此，学生更是如此。教师应该善于发挥课堂民主，平等地和学生交流，善于倾听，这样学生才能完整地表达自我。生活即课堂，课堂即生活，在课堂中关注学生，关注生成，是学生生命成长的需要。

三、因势利导，利用错误资源——导正觉

黑格尔说过：“错误本身乃是‘达到真理的一个必然的环节’”。对于学生学习过程中的错误认知，若教师“谈虎色变”，那是因为教师看到的只是错误的消极方面。正确，可能只是一种模仿；错误，却绝对是一种经历。放弃经历错误也就意味着放弃经历复杂性，远离谬误实际上就是远离创造。过度的防错、避错，缺乏对差错的欣赏与容纳，大大减少了学生扩展认知范围、提高认知的机会。因此，当学生在课堂中发生错误时，老师不应一味地批评与呵责，而是应该及时抓住这一宝贵的时机，合理利用错点资源，将其变为促进学生发展的有效资源。让学生通过比较、自我探索、自我体验等方式，把错误化为一次新的学习，让错误发挥其潜在的教育价值。

我教学二年级的《乌鸦喝水》一课时，为了拓展课文的内容，让学生通过动手操作，模仿课文乌鸦喝水的情节进行实验。学生们都在兴趣盎然地顺利进行着，突然有几只小手举了起来："老师，课文写得不对，把石头放进去，水升不起来！"原来这几个家伙实验时把水放少了，我发现问题后，不动声色，并没有指出问题的关键，而是让他们与实验成功的小组组合，通过合作、探究，得出结论：水不能少于二分之一。挂在他们脸上的可是成功的喜悦呀！

我通过利用学生的错误，放手让学生自己找出了原因，总结了规律，学到了知识，同时又培养了学生的批判性思维和分析问题、解决问题的能力。总之，课堂上，我们应该多一点对学生学习过程的关注，多一点对学生错误的关注，多一点对学生独特感悟的关注，要充分利用课堂教学的生成性资源服务于课堂教学。

四、抓住瞬间，促进课堂升华——达慧学

在语文课堂教学中，教师要允许学生对同样的内容有不同的理解和表达方式，如果学生能别出心裁地提出新异的想法和解法，教师应满腔热情地鼓励他，这样才能使学生思维从求异、发散向创新推进，从而促进思维发展。如我在教学《纸船和风筝》一课时，问学生：你觉得纸船和风筝就像小熊和松鼠的什么？有的学生说像它们的电话，有的说像手机，还有的说像它们的邮递员、友谊桥……多奇特的想象啊！这样的课堂才是孩子们自己的课堂，我于是从中抓住这些闪光点让学生去体会、感受可贵的友谊，实现了教学的情感与价值目标。

一位哲人说过：从平凡中看出神奇就是天才。在丑陋的毛虫、一只蛋和婴儿身上，天才能看到一只蝴蝶、一只雄鹰和一位哲人。也许我们不是天才，但我们却需要练就天才的眼睛。我们应树立强烈的资源意识，珍惜课堂生成资源，用好课堂生成资源。教师只有善于挖掘生成的可利用的课堂事件，营造生命成长的课堂，才能使学生获得精神上的满足，才能使师生在相互作用中进行智慧的碰撞、情感的交融和心灵的沟通，实现开发区教育的核心价值观。这样，觉民课堂也就成了一个有丰富内涵的个性表演舞台，成了一方精彩纷呈、智慧飞扬的天地。

这两篇文章一个从学校课堂模式，另一个从自己专业方面阐述了觉民课堂的特点，也正好代表着觉民课堂的开展对于促进整个学校的课堂教学改革和教师个人的课堂教学变化的作用。

第四节　追求觉民教育的诗意境界

觉民教育自2014年10月启动以来，在各学校的努力下，在“觉师”“觉生”教育方面取得了一定的成绩。2015年，我们确定了觉民教育的精神核心（明德、循道、正觉、悟民）；确定了觉民教育的基本理念（唤醒潜能，追求真善美，打造智慧幸福人生）；确定了觉民教育主要内容为两大体系六大方面（觉师教育与觉生教育；明师德，循师道，正师觉，明生德，循生道，正生觉）；确定了觉民教育的基本途径（他觉—感知—知觉—自觉—觉他）；初步总结出觉师培训的三个层面四大提升；提炼出觉民课堂的三大关键词（开发、开拓、开放）。

觉民教育基本途径示意图如下：

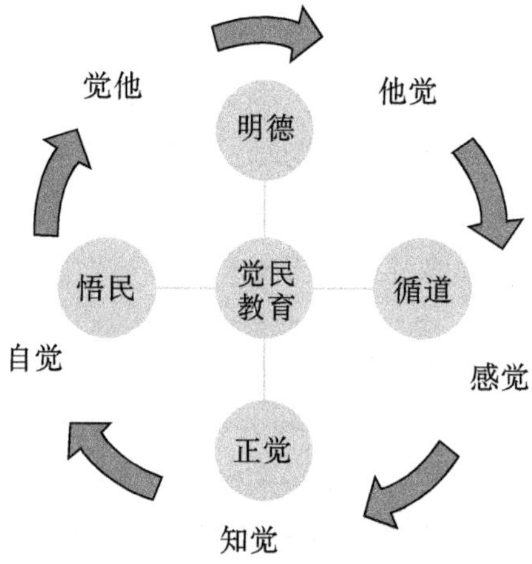

图5－2　觉民教育的基本途径

觉民教育框架表如下：

表 5－1 觉民教育框架表

<table>
<tr><th rowspan="3">觉民教育基本理念</th><th rowspan="3">觉民教育核心精神</th><th colspan="2">觉民教育主要内容</th><th colspan="4">觉民教育落实途径</th></tr>
<tr><th rowspan="2">觉师教育</th><th rowspan="2">觉生教育</th><th colspan="2">觉师培训</th><th rowspan="2">觉民课堂三大关键词</th><th rowspan="2">觉民课程</th></tr>
<tr><th>培训目标</th><th>具体方式</th></tr>
<tr><td rowspan="10">唤醒潜能，追求真善美，打造智慧幸福人生</td><td rowspan="2">明德</td><td rowspan="2">明师德</td><td rowspan="2">明生德</td><td rowspan="4">理念提升培训</td><td>借力高校，联合办班</td><td rowspan="4">开发</td><td rowspan="2">德育课程</td></tr>
<tr><td>觉民讲坛，名家赐教</td></tr>
<tr><td rowspan="2">循道</td><td rowspan="2">循师道</td><td rowspan="2">循生道</td><td>基本理念，全员学习</td><td>基础课程</td></tr>
<tr><td>以赛促训，提升认识</td><td>拓展课程</td></tr>
<tr><td rowspan="6">正觉</td><td rowspan="6">正师觉</td><td rowspan="6">正生觉</td><td rowspan="4">专业能力培训</td><td>师徒结对，以老带新</td><td rowspan="4">开拓</td><td rowspan="2">研究性课程</td></tr>
<tr><td>分科培训，骨干先行</td></tr>
<tr><td>设工作室，名师引领</td><td rowspan="4">文化课程</td></tr>
<tr><td>校际交流，借石攻玉</td></tr>
<tr><td>文化素养培训</td><td>文化艺术讲座</td><td rowspan="2">开放</td></tr>
<tr><td>综合素质培训</td><td>微信公众平台</td></tr>
</table>

觉民教育开展一年多，已初见成效。但并不等于这个活动即将结束，这只是开始，还会在很长一段时间里不断完善、不断发展，最终形成开发区特色教育。要将工作推向深入，一方面需要整理和总结，另一方面需要反思和学习。所以，在接下来的一学年里，觉民教育准备重点开展以下两个方面的工作。

一、整理和总结

将一个学期全区开展觉民教育的资料进行整理，组织人员进行研讨总结，从实践上升到理论，将觉民教育的理论体系架构出来，结合具体的操作，形成文字，既作为本区的资料，也作为别县区学习的借鉴与参考。初步定下出版觉民教育系列丛书，包括：《觉民教育理论与实践》《觉民教育之明师德》《觉民教育之循师道》《觉民教育之正师觉》《觉民教育之明生德》《觉民教育之循生道》《觉民教育之正生觉》。这七本书基本涵盖觉民教育的两大体系六大内容，是对前期工作的一个较为全面的总结。

二、反思和学习

一项改革的推进向来不是一帆风顺，也不会是注定成功的，要允许其中出现问题。问题暴露出的是在制订措施时的不够周全，而问题也是将改革推向深入的契机。在开展觉民教育的过程中，我们也在不断出现问题或者自己发现问题。比如一开始教师对觉民教育不理解，单靠学校领导解读是不行的，于是决定开展全员培训，下到学校详细阐述。对于两大体系认识不够的，我们就召开会议，反复研讨，反复征集意见，反复强调。一个学校开展工作有了成效的，我们就大力宣传，进行推广。理论不够了，就集中研讨，进行交流。接下来肯定还会出现许多问题，在问题中进行反思，集中众人的智慧，问题就迎刃而解。不过，有时候自身的力量还是有限，所以加大学习力度是下阶段的一项重要内容。区内学习，区外学习，甚至派觉民教育的主要力量到名校蹲点跟岗学习，也在下一步的计划之中。

觉民教育是一项涉及面广、延续时间长的工程，虽然还处在起步阶段，但我们相信，秉承教育的良心，遵循教育的规律，以忠诚而热烈的教育情怀去做，一定能够开出鲜花，结出硕果，造福一方，润泽后代！最后以新民小学沈建东老师的一篇文章寄寓对觉民教育美好前景的期待。

追求“觉民教育”的诗意境界

——基于诗意教育智慧高照下的“觉民教育”之思考

开发区新民小学　沈建东

一、缘起

这是一个意味尤深的故事：

马戏团里从事表演的象，都是从小就开始训练的。小象调皮，玩性大，驯兽师就用绳子把小象拴在“木桩”上，消磨它的意志。自然，小象耐不住日日、时时围着“木桩”团团转，便不断地挣扎，欲摆脱“木桩”。然而，小象力量小，经过若干次努力，都无法将“木桩”拖出来。久而久之，小象竟以为自己是绝对无法摆脱“木桩”了，到后来，驯兽师只要把小象系在“木桩”上，小象就会安分守己——在这种“潜移默化”的消磨中，小象慢慢长大，成了大象。

在马戏团中，大象可以做很多显示“力大无穷”的表演。但在表演后，大象却很安分地被绳子拴在“木桩”上。

实际上，大象的确是“力大无穷”的，十根木桩也拴不住它。但就因为从小的体验，在灵魂深处居然产生了一种根深蒂固的观念：“木桩”的力量比自己大，是不可战胜的，自己被拴在“木桩”上是理所当然的——具有无穷力量的大象却被自己长期形成的观念所束缚，所蒙蔽。与其说禁锢大象的是驯兽师，倒不如说是大象自己。

这个故事虽早在 2012 年于浙江杭州“王崧舟名师工作室”学习期间，在陶继新、任小艾等文坛泰斗对王崧舟教育大师做关于诗意语文、诗意德育访谈之时已聆听过，但它对于我的触动却是深刻的。机缘巧合，正值区教育局在全区范围内掀起以“明德、循道、正觉、悟民”为教育核心理念的觉民教育教改浪潮之际，端坐于古朴优雅的“觉师培训”大学堂之内，这一发人深省的故事又重临我的心际。由此及彼，便有了“诗意觉民教育”的思考。

二、内观

因了深思而内观。以平静的心态往内观察教育本然的实相。

何为“诗意”？“诗意”本身是一个多维度、多层次的模糊概念，从不同的角度对“诗意”有着不同的阐释。从哲学视角看，诗意是一种精神与心灵的自由；从认识论角度看，诗意是某种直觉和顿悟，是对人生和宇宙的当下了悟；从美学视角看，诗意是人类情感的一种表现与升华；从伦理学视角看，诗意就是善良、仁爱与悲悯；从心理学的视角看，诗意则意味着丰富的想象和创造；从社会学视角看，诗意是一种内在的幸福感。

诗意的本质，就是一棵树摇动另一棵树，一朵云摇动另一朵云，一个灵魂唤醒另一个灵魂。诗意就是心灵的自由，生命的舒展。

何为“诗意教育”？“诗意教育”是教育的一种理想境界。它以价值引领为灵魂，以生命唤醒为光华，以情感力量为内核，以文化传承为血脉，以精神诉求为旋律，以个性高扬为风采，以智慧高照为神韵，以心灵对话为境界，借助境教（造景育人）、身教（榜样育人）、诗教（经典育人）“三大载体”和赋教（以诗性故事育心）、比教（以物喻志养德）、兴教（触物起情培情）“三大策略”让学生置身于情境化、生活化、审美化、生命化的历程中，从而焕发学生的潜能，升华学生的素养，健全学生的人格，提升学生内在的幸福感。

简而言之，“诗意教育”就是怀着对生命的敬畏和对文化的尊崇，用情感催发情感，用心灵引导心灵，用生命润泽生命，尊重他，接纳他，陪伴他，帮助他成为最好的自己。“诗意教育”就是生命化的教育，就是培养具有“人的精神”的人的教育。

何为“觉民教育”？我区创建的觉民教育是在秉承东海书院院训“斯道觉民”的基础上创新提出的。“斯道觉民”源自《孟子·万章上》中的“天之生斯民也，使先知觉后知，使先觉觉后觉。予，天民之先觉者也。予将以斯道觉斯民也”。师之道，民之觉，其教育的精神核心为“明德、循道、正觉、悟民”，而“悟民”是教育的宗旨，也是教育的使命。悟民就是使民悟，觉民就是使民觉。觉悟的过程也就是唤醒的过程。“唤醒”意味着，本质中有，只是还没被发现。因此，觉民教育就是“唤醒”教育，就是心灵荡击心灵、灵魂唤醒灵魂、生命焕发生命的过程。

三、顿悟

因了内观而顿悟：诗意教育抑或觉民教育，都是用文化神韵去滋润学生的心田，实现由无明到觉悟的过程。这个过程都必然是心灵与心灵的自由对话，精神生命与精神生命相互唤醒的过程。因为儿童皆有良知，教育皆有诗意，儿童皆有力量，教育皆为自由。“训练小象”般的“压磨”式教育方式，只会蒙蔽儿童的良知，消磨儿童的潜能，压制儿童的力量。觉民教育理应顺应诗意的召唤，走诗意教育之道，实现教育的诗意境界。

1.“诗意觉民教育”就是致良知

儿童皆有良知，儿童是道德良知的主体。孟子所谓：“恻隐之心，人皆有之；羞恶之心，人皆有之；恭敬之心，人皆有之；是非之心，人皆有之。”通俗点说，儿童不是病人，更不是罪人、犯人，虽然他们也有问题、也会犯错，但是他们天生具有道德良知。“诗意觉民教育”，就是不断唤醒儿童的道德良知的过程，也就是祛蔽的过程。祛蔽就是祛除蒙在良知上的污垢、尘埃，唤醒主体内在的良知，擦亮生命的本觉。这是教育的中心，或者说是教育的本质。

2.“诗意觉民教育”当以慈悲为怀

慈悲不是一般意义上的同情和怜悯。慈悲是一种爱，但这种爱不以占有和控制为目的，是洞见儿童皆有缪斯的心性、皆有良知的天性；是确信儿童自己有力量，能以己之力呈现缪斯心性、良知天性；是以自己的力量去唤醒儿童的力量，以无我的爱去唤醒儿童的纯净之爱。这爱是觉悟的爱。“诗意觉民教育”乃至整个教育，唯有筑基于觉悟之爱之上，才能真正影响并塑造儿童的美好心灵。

3. 引领诗意人生是“诗意觉民教育”的化境

“诗意觉民教育”的至高境界当是诗意人生的引领。诗意人生，就是指充满“诗意”的人生。诗意人生的引领和确证，是一个无限开发、生生不息的过程。

（1）止于至善——诗意人生的情怀。诗意，滋生于悲天悯人的情怀。人性中最美好的一切，皆始于对生命、对自身、对他人的关爱和怜惜。“诗意觉民教育”，当是依托和借助一切“不朽的文化”，在童年时期为学生培植“智慧之根”“慈善之根”，为他们的人生涂上一抹温暖的底色。

（2）心灵自由——诗意人生的信仰。诗意是一种不为外力所迫的自由自在。生命的自由首先要求人成为一种独立的、具有完整人格的主体。正如雅斯贝尔斯所言：“教育，是人对人的主体间的灵肉交流活动，包括知识内容的传授、生命内涵的领悟、意志行为的规范，并通过文化传递的功能，将文化遗产教给年轻一代，使他们自由地生成，并启动其自由天性。”因其自由，思想即为独立，情感即为自主，意志即为能动。“诗意觉民教育”应是人与人之间精神的自由对话，觉民教育的诗意境界，实乃“人性自由的境界”。因此，“诗意觉民教育”的首要任务应是倾听学生的思想、情感和意志，追求自由、自然的学习氛围，秉承“人为目的”的追求，致力于培养具有自由品质的人。

（3）精神契合——诗意人生的澄明。诗意的境界是一种“感时花溅泪，恨别鸟惊心”的境界。徐复观说过，真正好的诗所涉及的客观对象，必定是先摄取在诗人的灵魂中，经过诗人感情的熔铸、酝酿，构成其灵魂的一部分，再挟带着诗人的血肉表达出来，于是诗的字句都是诗人的生命，字句的节律也是生命的节律。“诗意觉民教育”，也正是人与人之间的精神契合，是“道”与“悟”的相互融结，是“师觉”与“民觉”的相互融合。这种契合，包括学生、教师、环境、资源在内的各自精神被深深地卷入、沉浸和交融，用生命阐释生命的意义，建构富有独特个性的生命化理解，创造精神领域的共识和同在。

（4）追寻幸福——诗意人生的境界。诗意教育，是追寻幸福的教育。

“诗意觉民教育”，也是追寻幸福的教育。赵汀阳指出，幸福要有“双重关注”，既关注结果的价值，也关注通向结果的行动的价值。“诗意觉民教育”之幸福，重在“明德”“循道”的“悟民”过程中心灵自由对话的欣赏和体验，这一过程恰似“山阴道上行，山川自相映发，使人应接不暇”。一个人，只有在天真烂漫的创造性活动中实现着自己的生命追求，才是幸福的。“诗意觉民教育”，就是要以幸福的手段达成幸福的结果，赢得幸福的人生。

（5）实现自我——诗意人生的灵魂。诗意体验，是一种生命的高峰体验。自我实现的人，常常伴随着这样的高峰体验。“诗意觉民教育”，就是要努力使学生在“明德”与“循道”的实践中获得高峰体验，在当下实现自我的“正觉”。从目的上看，“诗意觉民教育”并不局限于道德知识的掌握、方法能力的发展和品质习惯的养成。我们更为关怀的是在引领学生掌握道德知识、发展方法能力、养成品质习惯的过程中，启迪智慧、陶冶性情、温暖心灵、充盈精神，达成生命的自我实现。

四、归结

“让觉民教育成为生命的诗意存在。”——这个梦的诞生，是对生命超越的祈祷。因为，我们是人！人必将诗意地栖居于大地上！